MINISTÉRIO PÚBLICO FEDERAL

Guia completo sobre como se preparar para a carreira

COLEÇÃO APROVADOS

Aprenda com quem tem história para contar

ALAN ROGÉRIO MANSUR SILVA

MINISTÉRIO PÚBLICO FEDERAL

Guia completo sobre como se preparar para a carreira

2ª edição

revista, atualizada e ampliada

2019

EDITORA *Jus*PODIVM

www.editorajuspodivm.com.br

EDITORA JusPODIVM
www.editorajuspodivm.com.br

Rua Território Rio Branco, 87 – Pituba – CEP: 41830-530 – Salvador – Bahia
Tel: (71) 3045.9051
• Contato: https://www.editorajuspodivm.com.br/sac

Diagramação: Isabella Giordano *(giordano.bella@gmail.com)*

Capa: Marcelo S. Brandão *(santibrando@gmail.com)*

M665 Ministério Público Federal / Alan Rogério Mansur Silva. – 2. ed. rev., atual. e ampl. – Salvador: JusPodivm, 2019.
272 p. (Aprovados / Coordenação Mila Gouveia)

Bibliografia.
ISBN 978-85-442-2764-0.

1. Provas. 2. Ministério Público Federal. 3. Didática – Métodos de ensino instrução e estudo. 4. Métodos de estudo (para casa, livro de anotações, relatórios escritos. 5. Motivação. 6. Orientação vocacional e profissional. I. Gouveia, Mila. II. Silva, Alan Rogério Mansur. III. Título.

CDD 371.425

*À Cinthia, pelo apoio, amor e carinho
que sempre tivemos e teremos.*

*A meus filhos, mais razões
para a minha vida.*

A meus pais, por tudo.

À minha irmã.

APRESENTAÇÃO DA COLEÇÃO

O principal propósito da Coleção ***Aprovados*** é abastecer nosso leitor, que se prepara para conquistar a tão almejada carreira pública, com informações e dicas de quem já foi aprovado.

Notamos que a trajetória do concurseiro até a aprovação geralmente envolve etapas que costumam se repetir em quase todas as preparações, quais sejam:

- a decisão pelo concurso;
- o começo dos estudos;
- a temida etapa "fiquei por uma questão";
- a possível vontade de desistir;
- a aprovação na primeira fase;
- os estudos e a aprovação na segunda fase;
- a preparação e o dia da prova oral;
- a aprovação, finalmente!;
- a nomeação e posse.

Dessa forma, fazendo uma associação entre essa constatação e a famosa frase de Robert Baden-Powell no sentido de que "não existe ensino que se compare ao exemplo", compreendemos a importância de reunir em livros relatos e dicas de preparação de profissionais aprovados nas mais diversas carreiras públicas (em excelentes colocações) a respeito de como estudaram e como superaram cada fase, desde a preparação até a nomeação e posse.

Cada título da Coleção ***Aprovados*** tem como foco uma carreira, da qual foi selecionado um profissional/autor que trata das etapas mencionadas no formato "depoimento" ou "entrevista", a depender do autor.

Em outras palavras, em cada capítulo desta obra, você se sentirá mais próximo de seu sonho, ao ver que a batalha para a posse, apesar de ser uma árdua caminhada, é possível de ser vencida.

Enfim, a expectativa desta coleção é expor os caminhos pelos quais passou alguém que um dia desejou o que você, leitor, deseja agora.

Aproveitem e boa leitura a todos!

Mila Gouveia
Coordenadora da Coleção ***Aprovados***

PREFÁCIO

Deltan Martinazzo Dallagnol[1]

Trabalhar deve ser como comer uma manga com as mãos. Não me refiro àquela manga picadinha ou cortada no prato, mas àquela que você segura entre as mãos, escorre pelos dedos e lambuza o seu rosto. Deve ser algo em que Você se envolve e que lhe traz prazer. Afinal de contas, investimos metade da nossa vida útil – descontadas as horas de sono – em algo que muitos chamam de "emprego". Contudo, "chupar manga" não é um trabalho. É algo que satisfaz um desejo, que traz prazer. É aquilo que Você faz e nem viu o tempo passar. É algo que apaga ou borra completamente a linha imaginária que separa trabalho e lazer, sobrepondo ambos. Se felicidade é desejável,

---

1. Procurador da República desde 2003. Mestre em Direito pela *Harvard Law School* (revalidado pela UFPR), onde pesquisou e escreveu sobre prova circunstancial. Autor das obras "As lógicas das provas no processo: prova direta, indícios e presunções", e "A luta contra a corrupção: A Lava Jato e o futuro de um país marcado pela impunidade". É coordenador de livro sobre controle externo do trabalho policial, coautor de livro sobre lavagem de dinheiro e coautor de livro sobre a prova no enfrentamento à macrocriminalidade. Palestrante há anos sobre provas por indícios e sobre colaboração premiada. Foi professor da Fundação Escola do Ministério Público do Paraná, onde lecionou processo penal. É professor do Programa Nacional de Capacitação e Treinamento para o Combate à Corrupção e à Lavagem de Dinheiro (PNLD) e da Escola Superior do Ministério Público da União. Procurador da República atuando em Curitiba há mais de 10 anos em Varas Especializadas em Lavagem de Dinheiro e Crimes Financeiros. Atuou na Força Tarefa CC5 de 2005 a 2007, que teve resultados econômicos para o Estado de bilhões de reais, participando então de mais de 20 acordos de colaboração premiada e mais de 100 pedidos de cooperação internacional. Coordenador da Força Tarefa do Caso Lava Jato desde 2014.

seria contraditório investir parte considerável da vida em atividades desagradáveis ou neutras. O trabalho ideal é aquele que Você faria de graça, ainda que Você não possa deixar o seu chefe saber disso.

Atuar como Procurador da República é, para mim, uma paixão. Eu decidi prestar concurso para ingressar na carreira do Ministério Público quando eu lia a lei que rege a sua atuação. Então, percebi que a Instituição recebeu diversos instrumentos para alcançar objetivos nobres, como defender a democracia, promover saúde, educação e segurança, ou mesmo proteger a sociedade contra a prática de crimes. O exercício do cargo de Procurador da República é, para mim, uma oportunidade de exercer, concretamente, amor ao próximo. Servir a sociedade é a vocação do serviço público, um serviço ao povo. O membro do Ministério Público é, nesse aspecto, um agente de transformação social, um defensor da sociedade. O que me moveu e me move no desempenho da função de Procurador é paixão, pelo país e pelas pessoas.

Este livro de Alan Mansur é um guia prático abrangente que contém informações preciosas para quem cogita prestar concurso para ingressar na carreira de Procurador da República. Em primeiro lugar, ele trata das motivações que podem levar Você a escolher essa carreira. Mais do que isso, ele levará Você a conhecer melhor como é o dia a dia de um Procurador, permitindo que anteveja se suas motivações poderão encontrar satisfação nessa profissão. Você terá condições de tomar uma decisão mais informada sobre uma questão fundamental: é essa a atividade na qual Você quer investir metade da sua vida útil sobre a terra? Segundo, esta obra traz um testemunho pessoal de uma jornada de estudos focada na carreira do Ministério Público Federal, acompanhada de bastidores, reflexões e discursos inspiradores, os quais podem reforçar sua motivação e fortalecer sua determinação em seguir uma disciplina de estudos.

Sempre que aconselhei quem se preparava para concursos, disse que, em minha perspectiva, há três pilares básicos do estudo para concursos: tempo de estudo, estratégia e o reconhecimento do imponderável. De fato, desde logo, devemos admitir que não há como passar em concursos sem investir tempo significativo, diário, colado ao assento da cadeira, debruçando-se sobre livros ou apostilas. Além disso, muitas estratégias podem otimizar seu tempo de estudos e seu desempenho nas provas: a realização ou não de resumos e esquemas, o modo de lidar com distrações (os "roubadores" de tempo, como bem coloca o autor), o planejamento de matérias a serem estudadas e sua distribuição ao longo dos meses, a adoção ou não de grupos de estudos, o acompanhamento ou não de aulas, a escolha dos textos, mais ou menos profundos, que serão estudados e sua afinidade com um ou mais editais, a pesquisa do histórico de cada membro da comissão examinadora, o conhecimento das regras que regerão a prova em detalhes, o modo como o tempo é empregado na prova etc.

A obra de Alan é repleta de dicas e estratégias sobre esses temas, as quais potencializarão seu aprendizado, durante o tempo dedicado aos estudos, e maximizarão resultados em provas a partir do conhecimento já adquirido. São apresentadas, ao longo da obra, uma série de instruções sobre como organizar viagens para prestar concursos, como é o ambiente das provas, como satisfazer o requisito de tempo de atividade jurídica ou ainda como funciona a escolha das cidades em que trabalhará após eventual aprovação no concurso. Tudo isso faz deste livro uma espécie de guia prático, passo a passo, muito útil ao longo da jornada rumo ao exercício da função de Procurador da República.

Por fim, para além de tempo de estudo e de estratégia, há o imponderável. Uma indigestão no dia de prova apesar de todos os cuidados com a alimentação, uma crise na economia familiar que obriga a um trabalho extraordinário e restringe horas de estudo, uma doença na família ou mesmo a sorte de cair na prova aquilo que Você mais estudou pode determinar o seu desempenho. Como digo para meus alunos, se Você não acredita em Deus, essa é uma boa hora para começar a acreditar. Gosto muito do princípio segundo o qual devemos trabalhar como se tudo dependesse de nós, e agir como se tudo dependesse de Deus. Contudo, se Você não acredita, precisa reconhecer que o melhor de seus esforços pode não ser coroado de êxito numa determinada prova, sem que Você seja culpado. Se o seu trabalho tem sido consistente em quantidade de tempo investido e em estratégias, na linha do que este livro recomenda, é provável que Você esteja perto de passar, ainda que não tenha sido dessa vez.

Alan trouxe para o livro a sua experiência. Em sua bagagem estão processos seletivos que conduziram à sua aprovação em concurso para as carreiras de Assessor (Analista) do Ministério Público da União, de Advogado Público do Banco da Amazônia, de Técnico do Tribunal de Justiça do Pará e de Advogado da União. Além, é claro, de ter passado no concurso para Procurador da República durante o primeiro ano após ter se formado, aos 25 anos. Essa jornada trouxe lições preciosas que, agora, ele compartilhará com Você. É sempre possível aprender com erros próprios, mas é muito melhor quando, em vez de "reinventarmos a roda", aprendemos com a experiência alheia. Uma das notícias boas que ele traz é que há centenas de cargos vagos de Procurador da República esperando por Você. Quem sabe logo poderemos ter a honra de ter Você como colega. Assim, mais do que compartilharmos o sonho brasileiro de um país mais justo, teremos o privilégio de buscarmos esse ideal lado a lado com Você, dentro da mesma Instituição. Chegando lá, teremos desafios diferentes, em que importará, tanto como o quanto Você sabe, como Você decidirá usar o que sabe. Então, os desafios serão novos, mas esse é um assunto para outra conversa.

Desejo a Você, agora, um tempo edificante de leitura e aprendizado.

Sumário

INTRODUÇÃO

Este texto tem por objetivo ser um guia prático para o concurso público do Ministério Público Federal. Não faz parte do cerne deste trabalho ser uma obra de autoajuda ou mesmo de *coaching*, com suas promessas nem sempre realizáveis de sucesso. Parte-se aqui do princípio de que é possível se preparar e obter sucesso em concursos públicos das mais variadas formas, métodos e jornadas de estudo.

Por outro lado, não se pode negligenciar a experiência de quem já seguiu esse caminho cheio de meandros. Existem certas noções práticas que ajudam bastante em cada etapa do exame para o Ministério Público Federal e pretende-se apresentar esses conhecimentos empíricos de forma direta e objetiva, sem maiores elucubrações, pois, afinal, o mais importante é aprender o conteúdo jurídico que será cobrado no edital.

Partindo destes pressupostos, dividiu-se este texto em dezenove capítulos, a saber:

1) Motivação para os estudos;
2) O começo dos estudos;
3) Organização, viagem, hotel e transporte;
4) Inscrição preliminar, prova objetiva (primeira fase);
5) Aprovado para as provas subjetivas (segunda fase);
6) Inscrição definitiva;

7) Prova oral (terceira fase);

8) Preparação para as provas;

9) Prova de títulos;

10) Exames médicos;

11) Vagas reservadas a candidatos com deficiência;

12) As candidatas lactantes;

13) O debate sobre as cotas raciais;

14) Lotações iniciais e estrutura de trabalho;

15) Vencimentos e vantagens;

16) Deveres e vedações;

17) Quando haverá novos concursos?;

18) Discursos de posse;

19) Depoimentos de Procuradores da República, exclusivos para o livro

Os capítulos são curtos e a leitura é rápida, possibilitando a consulta antecipada (meses antes da prova, sem comprometer o horário de estudo) ou pontual (realizada em cada etapa do certame). Os capítulos tratam dos seguintes assuntos:

1) Motivação para os estudos: Traz os diversos motivos que impulsionam os candidatos a buscarem vaga no Ministério Público Federal. Cada candidato busca sua motivação pessoal e aqui tentamos explicá-las, mostrando também como funciona a carreira no MPF e o que faz um Procurador da República.

2) Começo dos estudos: traz um pouco da minha experiência dos estudos, das dificuldades e planejamentos iniciais para decidir trilhar o concurso. Aborda

também o planejamento dos estudos, indicando o melhor espaço, forma de estudar e estratégias traçadas, análise da banca examinadora do concurso do MPF e bibliografia sugerida.

3) Organização, viagens, transporte e hotel: informações sobre preparação para organização das viagens, transportes e hotéis, dicas práticas para evitar surpresas desagradáveis.

4) Inscrição preliminar, prova objetiva: Dados sobre os concursos anteriores, informações sobre o que é necessário para a inscrição preliminar, o que é necessário para a prova objetiva.

5) Aprovado para a segunda fase: Detalhes para a preparação para a segunda fase.

6) Inscrição definitiva: O que é necessário para a inscrição definitiva, como está a jurisprudência para a comprovação da atividade jurídica e como ocorre a análise da vida pregressa do candidato.

7) Prova oral (terceira fase): informações para a preparação específica para a prova oral.

8) Preparação para as provas: dicas para a preparação para as etapas do concurso.

9) Prova de títulos: informações sobre qual pontuação para cada título e como devem ser apresentados.

10) Exames médicos: informações sobre os exames médicos.

11) Vagas reservadas a candidatos com deficiência: como ocorre a disputa por estas vagas.

12) As candidatas lactantes: informações de como estas candidatas podem ter um tratamento especial para permitir lactação neste dia.

13) O debate sobre as cotas raciais: informações sobre o assunto das cotas em concursos do MPF.

14) Lotações iniciais e estrutura de trabalho: informações sobre o trabalho inicial, dados das lotações iniciais de concursos anteriores e a perspectiva dos próximos.

15) Vencimentos e vantagens: Dados sobre as vantagens legais para o membro do MPF.

16) Deveres e vedações: Informações sobre os deveres e vedações para quem pretende ingressar na carreira.

17) Garantia de centenas de vagas para os próximos anos: Previsão de vagas para os próximos concursos do MPF.

18) Carta a um jovem Procurador da República

19) Discursos de posse: discursos nas posses de aprovados no concurso do MPF, para inspirar aqueles que pretendem ingressar na casa.

20) Depoimentos de Procuradores da República, exclusivos para o livro: 5 depoimentos de motivação e detalhes de quem se preparou para a carreira e conseguiu. Escritos por 4 Procuradores que representam muito bem o trabalho do MPF, de norte a sul do país. Todos colegas com muita experiência e que enfrentam muito dos temas decisivos da sociedade atualmente. Nestes depoimentos para o livro, dão dicas e relatam suas experiências para a aprovação no concurso do MPF.

O prefácio foi escrito pelo membro do MPF Deltan Dallagnol, um Procurador da República aprovado muito cedo, aos 22 anos. Assim, foi o segundo mais novo Procurador da República admitido no Brasil. E desde o início de seus trabalhos, vem demonstrando uma dedicação e resultados expressivos, com conhecimento da carreira como poucos, atuando como Coordenador da Força Tarefa Lava Jato, uma das ações que mudou a forma de enfrentamento à corrupção no Brasil.

Partindo desta estrutura, tem-se uma visão ampla do certame para o Ministério Público Federal, além de um guia prático para cada etapa, que entendo ser de grande utilidade, especialmente para aqueles que prestam o exame (ou a respectiva etapa) pela primeira vez, permitindo ao leitor ter uma noção próxima do que acontece e pode acontecer, o que deve fazer para administrar o tempo, adquirir conteúdo, apresentar documentos e prestar as informações que a comissão do concurso exigirá.

Boa leitura.

1

MOTIVAÇÃO PARA OS ESTUDOS

O concurso do Ministério Público Federal é um planejamento de vida. Sei que há diversos concursos públicos, mas acredito que estudar para o concurso de Procurador da República é algo que revela muito sobre o candidato. O cargo demanda uma preparação e motivação intensa. É sempre importante manter o chamado "foco" para o concurso. O concurso demanda muito de quem anseia pelo cargo, mas quando o candidato tem a motivação, se prepara corretamente e mantém o foco no concurso, estudando direcionado para as matérias e pensando como um futuro Procurador da República, as chances para a aprovação crescem muito mais.

A motivação para os estudos não é algo banal, ou de mera autoajuda. Para qualquer desafio de vida, é necessária motivação. Se não, há grande risco de nos perdermos na jornada. E as motivações para os estudos podem ser várias: estabilidade, carreira, salário, fazer algo pela sociedade, ter um trabalho motivador.

Não existe mágica e fórmula pronta para a aprovação. Se houvesse, era fácil, somente seguir uma cartilha e: *voilà*, o candidato seria aprovado. Como isso não existe, tudo depende de uma longa e dedicada preparação. Esforço, foco, dedicação e tempo de estudos. E motivação constante.

Já vi na internet anúncios de "cursos" e até "pílulas" que garantem ao candidato sucesso em qualquer concurso público. Não há a fórmula de sucesso total. O que existe são boas informações e várias indicações de como o candidato pode adaptá-las a sua situação específica e para seu objetivo.

Cada candidato tem sua motivação e necessidade pessoal. A busca pelo concurso é um plano de vida que envolve muitas vezes não só o candidato, mas também família e amigos. Mas cabe ao candidato buscar a sua motivação pessoal para trilhar o caminho árduo e muitas vezes solitário dos estudos.

Dentre as motivações, temos a **estabilidade**. É algo inerente aos cargos públicos, previsto na Constituição Federal. A estabilidade indica ao candidato a perspectiva de que terá uma maior possibilidade de planejamento em sua vida após a aprovação. E no concurso de Procurador da República, a estabilidade vem após 2 anos de estágio probatório (diferente do servidor estatutário, quando o prazo é de 3 anos), e a garantia vem prevista na Constituição Federal e na Lei Complementar nº 75/1993 como vitaliciedade (art. 128, §5º, inciso I, alínea "a" da Constituição Federal, c/c art. 197, Lei Complementar nº 75/1993), assim, não podendo perder o cargo senão por sentença judicial transitada em julgado. Após a aprovação no estágio probatório, a sentença judicial transitada em julgado é a única forma de demissão de Procurador da República, sendo esta uma garantia constitucional inerente ao cargo.

O **salário**, sem dúvida, é uma motivação de muitos concursados. O salário de Procurador da República atualmente é pago através de subsídio (conforme art. 39, §4º, da Constituição Federal), com valor atual (abril/2019) de R$ 33,6 mil, sendo este o salário bruto. Além deste, há ainda o recebimento de auxílio-alimentação, e também gratificação por cumulação de ofício em caso de substituição de férias ou de licença de outro colega Procurador (prevista na Lei nº 13.024/2014), sendo que os valores ficam limitados ao teto constitucional do salário de ministro do Supremo Tribunal Federal (atualmente de R$ 39,2 mil). Sobre o salário bruto, evidentemente, incidem os descontos regulares da contribuição previdenciária e de imposto de renda de pessoa física. É um salário tentador. Mas não só pelo salário o candidato deve buscar este concurso público. Lembre-se que no MPF é vedado exercer a advocacia, participar de sociedade comercial, exercer outra função pública (salvo uma de magistério), receber honorários e exercer atividade político-partidária (vedações previstas no art. 128, §5º, inciso II, Constituição Federal).

A depender do interesse do candidato, há outras carreiras jurídicas do serviço público que são diferentes, com horário de trabalho previsto de 8hs diárias, por exemplo, ou lotação em capitais do Estado ou em um Estado específico, por exemplo. Além disso, há carreiras em que é possível cumular com a advocacia privada (como em regra ocorre nas advocacias públicas municipais e estaduais e em carreiras de consultorias jurídicas). E há outras em que é possível cumular com atividade político-partidária, como ocorre com todas as carreiras jurídicas, com exceção do MP e magistratura. O salário é tentador, mas o candidato não deve buscar o MPF exclusivamente pelo salário, já que terá vedações constitucionais e começará sua carreira em locais distantes dos grandes centros urbanos, normalmente fora de seu Estado, demorando alguns anos para conseguir retornar, variando o tempo a depender de qual seja sua cidade natal. Tudo isso deve ser ponderado para que o candidato não tenha expectativa diferente da realidade. Esses detalhes nós vamos abordar no decorrer do livro.

Outra motivação decisiva é escolher uma carreira em que **você possa fazer algo pela sociedade, ter uma função motivante**. Esta também é uma motivação importante. Diria que está presente na grande maioria dos Procuradores da República aprovados. A estabilidade e salário são motivadores, mas tenho certeza que o que mais impulsiona os estudos e a aprovação para o Ministério Público Federal é a função pública a ser exercida. Esta percepção se reflete a cada grupo de novos colegas aprovados. A grande maioria já vibrava com a atuação do MPF há muito tempo, acompanhava as atuações, ações judiciais e diligências dos membros do MPF. Alguns já estagiaram ou trabalharam no MPF como servidores e já tinham em mente, como planejamento de vida, a aprovação no concurso. Esta motivação é decisiva para dar ânimo ao concurseiro diante das maiores dificuldades.

O pensador e filósofo chinês Confúcio já disse: "Escolha um trabalho que você ame e não terás que trabalhar um único dia em sua vida".

Independente de quais as suas motivações, busque conhecer a carreira, acompanhar o que está ocorrendo da atuação do MPF no seu Estado e a nível nacional. Tudo isso trará boas informações de como será o seu cotidiano se for aprovado. Saiba que mais da metade do trabalho do MPF é na área criminal. Que o MPF atua forte na defesa dos indígenas e de comunidades tradicionais, que o MPF tem intenso trabalho na defesa do consumidor e do meio ambiente, e que a tendência mais recente é de aperfeiçoar a atuação dos Procuradores da República na área do combate à corrupção.

Vale ressaltar que normalmente o colega que entra na carreira atua em unidades do MPF no interior do Estado, chamadas de PRM (Procuradoria da República no município), diferente de uma PR (Procuradoria da República) de capital. Normalmente nestas lotações iniciais, o Procurador atua com todas as matérias, não há divisão por tema, já que nas unidades de interior das lotações iniciais há poucos Procuradores. Neste sentido, o membro do MPF ao começar a carreira será "clínico geral", ou seja, trabalhará com todas as matérias relativas à atuação federal.

Busque também maiores informações sobre os grandes casos de atuação do MPF, para já ir conhecendo o que faz um Procurador da República. Hoje no país temos diversos excelentes casos de destaque nacional e internacional, como a Operação Lava Jato, Operação Custo Brasil, Operação Zelotes, Operação Ararath, Operação Concutare, Operação Acrônimo, Operação Madeira Limpa, Operação Forte do Castelo, atuação na tutela ambiental e indígena em relação à Hidrelétrica de Belo Monte, tutela ambiental da atuação do MPF no caso "Carne Legal", atuação do MPF na defesa dos interesses indígenas, no caso de crimes imputados a Eike Batista, no caso da barragem de Mariana, caso Farol da Colina, a atuação do MPF na área internacional na repatriação de recursos derivados de corrupção e desvio no país, casos das Hidrelétricas de Rondônia. Estes e outros casos refletem a atuação do Ministério Público Federal, de forma isolada ou em conjunto com outros órgãos de investigação, como Polícia Federal Controladoria-Geral da União – CGU, IBAMA, Receita Federal e Conselho de Controle de Atividades Financeiras (COAF).

Tudo isso traz um melhor conhecimento da carreira e o que realmente um Procurador da República faz. E sempre lembrando que toda esta atuação é realizada juntamente com sua equipe de trabalho de servidores do MPF e estagiários, sempre muito dedicados e competentes, que "vestem a camisa" da instituição e promovem um trabalho de alta qualidade. O MPF é construído, diariamente, em conjunto com todos.

Além de tudo isso, uma das grandes vantagens do Ministério Público Federal no que se refere ao ambiente e a forma de trabalho é a relação próxima e constante entre os colegas dos vários níveis de carreira. Apesar de termos os cargos diversos, de Procurador a Subprocurador-Geral da República, o contato entre os níveis da carreira é muito bom. Não há muita "cerimônia" em contatos entre os membros do MPF, o que permite que o trabalho flua de uma melhor forma. Assim, é comum um Procurador da República de primeira instância levar informações, conversar, participar de grupos de trabalho e ações institucionais com membros de outros níveis da carreira. E isso faz com que a instituição consiga quebrar "barreiras" psicológicas e fazer com que os membros que a compõem possam atuar de forma mais eficaz, o que torna o ambiente de trabalho na carreira muito bom para quem chega.

Vale lembrar, também, que é importante "abrir a mente". Não há um perfil único para candidato que almeja o Ministério Público Federal. Para ser um Procurador da República não precisa ser "aguerrido", "contestador", "idealista", "ter perfil de Ministério Público". Os Procuradores da República são diferentes entre si. Hoje na carreira há mais de 1.000 membros do MPF em todo o país, dividido em todos os níveis da carreira (Procurador da República, Procurador Regional da República e Subprocurador-Geral da República). São exatamente 847 Procuradores, 226 Procuradores Regionais e 74 Subprocuradores-Gerais da República. Assim, não há um formato de pensamento único ou forma típica de ser Procurador. Muitas vezes, o candidato idealiza um padrão de personalidade para determinada função e acredita que se enquadra ou não naquele padrão. Isso é um erro e pode trazer muitas frustrações para um candidato que idealiza determinada função e quando adentra na carreira verifica que há diferenças. E também o candidato pode idealizar muito uma carreira e perder ótimas oportunidades de concurso para outras carreiras tão atrativas e interessantes quanto a de Procurador da República. Esta diferença natural de pensamentos e abordagens entre os membros do MPF é boa para o aperfeiçoamento da instituição e do trabalho que presta à sociedade.

É importante a pessoa ter seus sonhos e objetivos, isso move a nossa vida e traz motivações para superar as dificuldades. Porém, é sempre bom olhar ao nosso redor e perceber que sempre há muitas possibilidades e maneiras de ser feliz, conseguir nossos objetivos profissionais e fazer algo que realmente nos realize.

E lembre-se: motivação é o que você precisa para começar os estudos, e com o tempo deve desenvolver além da motivação, o hábito. Só a prática cotidiana e reiterada levará você a aprovação.

1.1 NÍVEIS DA CARREIRA DO MINISTÉRIO PÚBLICO FEDERAL

Um candidato que é aprovado em todas as fases do concurso do MPF e toma posse, assume o cargo de Procurador da República. Não há divisão entre Procurador da República titular e substituto, como existem em outras carreiras, como de Promotor de Justiça, de Juiz de Direito e mesmo de Juiz Federal. Pela nossa Lei Complementar nº 75/93, não há qualquer diferença neste primeiro grau da carreira. O Procurador da República já entra como "titular". Na prática, tem um subsídio equivalente ao Juiz Federal titular, 5% maior do que o subsídio do Juiz Federal substituto.

Para obter remoção na carreira de Procurador da República, o único critério é o da antiguidade. Em tese, o Procurador da República que acaba de entrar na carreira pode assumir qualquer cargo (desde que vago, claro) em interior ou capital de qualquer Estado onde exista unidade do Ministério Público Federal. Na prática, as vagas oferecidas a quem entra na carreira são as vagas que sobraram após o concurso de remoção. Afinal, antiguidade é posto, e os Procuradores da República mais antigos obtém vagas mais disputadas, deixando vagos cargos localizados em municípios do interior do país e em algumas capitais do Norte (tais informações de lotação serão detalhadas mais a frente).

Após entrar no cargo, o Procurador da República já passa a ter uma antiguidade na carreira. A antiguidade é publicada em lista pelo Conselho Superior do MPF, conforme art. 202,

§1º, da LC nº 75/93, como esta, publicada em 2018[1]. A lista permite que os critérios sejam publicizados e, caso haja algum questionamento, o membro pode fazê-lo no prazo de 30 dias.

O Procurador da República, que atua na primeira instância do Poder Judiciário, se obtiver antiguidade suficiente, pode galgar a promoção. Esta ocorrerá de forma alternada, por merecimento e antiguidade, para o cargo de Procurador Regional da República. O Procurador Regional poderá atuar em alguns dos Tribunais Regionais Federais do país, tendo o Brasil atualmente 5 TRFs (DF, RJ, SP, PE e RS). Assim, o Procurador, se quiser ser promovido a Procurador Regional, deve necessariamente se mudar para a cidade para a qual obtiver a promoção. Atualmente, tal promoção demora bastante, e não ocorre em menos de 15 a 20 anos de carreira.

Tudo isso pode mudar se os novos TRFs criados pela Emenda Constitucional nº 73/2013[2] forem criados de fato. A criação está ainda suspensa por conta do pedido cautelar em ADIn nº 5017, ajuizada pela Associação Nacional dos Procuradores Federais – ANPAF (associação que representa os Procuradores Federais, advogados públicos vinculados à Advocacia-Geral da União). A cautelar foi deferida pelo então Presidente do STF Min. Joaquim Barbosa e até hoje não foi levada a julgamento pelo plenário. Como uma eventual criação de TRF implicaria em gastos de construções e de pessoal, com o atual Emenda Constitucional nº 95 (emenda de teto dos gastos) não

1. http://bit.ly/lista-mpf
2. "São criados os seguintes Tribunais Regionais Federais: o da 6ª Região, com sede em Curitiba, Estado do Paraná, e jurisdição nos Estados do Paraná, Santa Catarina e Mato Grosso do Sul; o da 7ª Região, com sede em Belo Horizonte, Estado de Minas Gerais, e jurisdição no Estado de Minas Gerais; o da 8ª Região, com sede em Salvador, Estado da Bahia, e jurisdição nos Estados da Bahia e Sergipe; e o da 9ª Região, com sede em Manaus, Estado do Amazonas, e jurisdição nos Estados do Amazonas, Acre, Rondônia e Roraima".

há indicação de que os novos TRFs possam sair do papel em um curto espaço de tempo.

Após o nível da carreira de Procurador Regional, o próximo nível é o de Subprocurador-Geral da República, que também é acessível por promoção mediante antiguidade e merecimento, podendo concorrer os Procuradores Regionais da República. O cargo de Subprocurador-Geral é o nível máximo na carreira. Atuam nos Tribunais Superiores: Superior Tribunal de Justiça e Tribunal Superior Eleitoral. Nos demais Tribunais Superiores (Tribunal Superior do Trabalho e Superior Tribunal Militar) atuam os Subprocuradores-Gerais das carreiras respectivas (MPT e MPM).

O cargo de Procurador-Geral da República não é propriamente um nível da carreira, já que não há formas de acessá-lo por antiguidade ou merecimento. A nomeação do PGR é nos moldes do art. 128, §1°, da Constituição Federal: "O Ministério Público da União tem por chefe o Procurador-Geral da República, nomeado pelo Presidente da República dentre integrantes da carreira, maiores de trinta e cinco anos, após a aprovação de seu nome pela maioria absoluta dos membros do Senado Federal, para mandato de dois anos, permitida a recondução".

A escolha para o PGR é feita entre os integrantes da carreira do Ministério Público Federal. Não há uma lista tríplice oficializada, como ocorre para a escolha de Procurador-Geral de Justiça dos Estados e do Distrito Federal (art. 128, §3°, Constituição Federal). Assim, em tese, o Presidente da República pode escolher quaisquer dos membros do MPF para o cargo de PGR. Porém, a Associação Nacional dos Procuradores da República (ANPR) desde 2003, vem apresentando uma lista tríplice, formada pelos mais votados dentre os membros do Ministério Público Federal, e apresenta ao Presidente da República. Desde 2003, a Presidência da República vem sempre nomeando Subprocurador-Geral da República que consta na lista tríplice. Tal obediência à lista tríplice, em nomear sempre membro do MPF que figura na lista, traz maior legitimidade do PGR perante seus pares e a sociedade brasileira.

1.2 O QUE FAZ UM PROCURADOR DA REPÚBLICA?

Mas o que de fato faz um Procurador da República, no seu dia a dia? Qual o trabalho do membro do Ministério Público?

Após a posse e exercício, você será o Procurador da República daquela unidade. Se você estiver em uma unidade onde só haja um Procurador, toda a atribuição será exclusivamente sua. Processos criminais e cíveis, audiências judiciais, audiências públicas, reuniões, atendimentos. O que se chama de "clínica geral". Destas atribuições, o Procurador pode delegar a servidores do MPF a realização de algumas audiências e atendimentos. A equipe de apoio também auxiliará na minuta de peças processuais e dos procedimentos de investigação e, evidentemente, fará todo o trabalho de apoio administrativo, que é fundamental para a unidade funcionar.

Se na unidade houver mais de um Procurador, pode haver a divisão dos processos por matérias, de modo equitativo, bem como divisão de audiências e de todo o trabalho extrajudicial. Em unidades de mais de um Procurador, a divisão do trabalho será feita com base em portaria do Procurador-Chefe no Estado, estabelecendo critérios.

Nas unidades do MPF, o trabalho de decisão administrativa quanto às licitações, contratações, exonerações, compras de equipamentos, consertos etc., fica a critério do Procurador--Chefe no Estado. Um dos Procuradores lotados em PRM será designado como responsável pelo expediente de questões de designação e expedientes relativas àquela unidade.

Em relação à atividade-fim, o Procurador da República já chega na unidade com uma carga de processos judiciais. O trabalho do MPF é contínuo e impessoal. Assim, o Procurador presenta (ou representa) o MPF, com a função de tomar providências quanto às novas demandas, mas também de dar continuidade aos casos judiciais anteriores, e também continuar apurações em procedimentos criminais e inquéritos penais e civis. Desta forma, o Procurador já entra com algumas centenas (ou milhares) de processos judiciais a ele vinculados e com algumas dezenas ou centenas de procedimentos apuratórios sob sua responsabilidade.

Assim, terá que se manifestar nos processos que a Justiça Federal encaminha para sua análise, com manifestações de diversas como de recursos de apelação, memoriais em ações penais, réplicas em ações civis de improbidade.

Também participará das audiências judiciais, na Justiça Federal, nas oitivas de testemunhas e acusados em diversos processos judiciais.

Ademais, poderá realizar audiências públicas, convocando a sociedade para debater algum assunto importante. Esse trabalho de mobilização social e conversa com todos os setores da sociedade é função primordial do membro do MPF. Em unidades menores, o Procurador será ainda mais demandado, já que muitas vezes atuará em municípios onde não há uma estrutura estatal suficiente e onde não haverá outros órgãos federais. E muito da demanda que seria direcionada a outros órgãos, acabará sendo levada ao MPF. E caberá ao órgão entender como atuar em cada caso, verificando interesse federal e dialogando com a sociedade e os demais poderes locais.

Esta demanda extrajudicial legitima o MPF ainda mais com a sociedade, pois para atuar corretamente em uma sociedade é importante conhecer sua realidade. E este conhecimento da realidade é feito a cada dia, com reuniões e audiências públicas, mantendo um diálogo permanente com a sociedade.

Cabe ao membro do MPF manter o diálogo com diversos setores, mas, claro, sempre evitando locais e momentos em que pode se colocar em risco pessoal. Se houver qualquer risco à integridade física do Procurador, a PGR tem um setor de Segurança Institucional (que também tem representantes em vários Estados), que pode ser acionado imediatamente em caso de qualquer ameaça ou risco. A instituição preza bastante pela segurança dos seus membros e sempre aciona as forças de segurança, como Polícia Federal ou Polícia Rodoviária Federal quando necessário. Não há Procurador que fique desguarnecido. Para realizar funções de enfrentamento à criminalidade, combate à corrupção em geral e defesa de interesses ambientais, por exemplo, os membros devem estar e se sentir seguros. Este é um corolário básico, garantido a quem trabalha no Ministério Público Federal.

A atuação do Procurador se reveste de um trabalho de segunda a sexta-feira, para ter função na Procuradoria. Não há um horário específico. Cada unidade utiliza um horário diferente, para adaptar a sua região. Normalmente o funcionamento das unidades do MPF é das 09h às 18h. Neste período o Procurador trabalha em seu gabinete, atende a população, orienta a equipe, revisa as diversas minutas feitas pela assessoria, participa de audiências, coordena reuniões de trabalho com outros órgãos de investigação. E com tantas funções, muitas vezes só depois do expediente consegue preparar peças processuais mais densas, como denúncias, ações civis de improbidade ou ações civis públicas ambientais. Às vezes utiliza também parte do final de semana. Mas tudo é uma questão de administração do tempo e estratégia de trabalho. Às vésperas de uma operação, ou depois dela, não raro aparece uma grande quantidade de trabalho e de reuniões com órgãos policiais ou de outras áreas de investigação, como Receita Federal, IBAMA ou Controladoria-Geral da União.

Alguns atos de investigações e ajuizamento de ações são sigilosos, como os casos de requerimento de quebra de sigilo bancário e fiscal, interceptação telefônica, pedidos de busca e apreensão ou prisões cautelares. E também outras investigações em que quer se evitar o vazamento de dados para não prejudicar o efeito da atuação dos órgãos de controle e que os investigados possam esconder elementos que comprovem a prática de crimes. Mas, como regra, a atuação do MPF se reveste de publicidade. Ou seja, com exceção dos casos em que há sigilo, que devem ser fundamentados, os procedimentos de apuração e a atuação em geral do MPF são públicos.

O MPF possui um Portal da Transparência que apresenta informações sobre a gestão administrativa da instituição, com dados sobre compras, contratos, licitações, despesas com pessoal, gastos com diárias e passagens, previsão orçamentária e aplicação dos recursos financeiros, servidores, entre outros, tudo em cumprimento à Resolução nº 86/2012 do Conselho Nacional do Ministério Público, o princípio da publicidade da Administração – previsto no art. 37 da Constituição Federal – e à Lei de Acesso à Informação (Lei Federal nº 12.527/2011).

Também apresenta dados sobre a atuação processual, com a disponibilidade de informações de sua atuação e das peças processuais produzidas.

"O melhor desinfetante é a luz do sol", já dizia o ex-Juiz da Suprema Corte dos Estados Unidos, Louis Brandeis (1856-1941). Esta transparência de atuação é exigida pelo MPF aos demais órgãos, sendo também responsável por publicizar sua atuação.

Desta forma, todas as informações necessárias estão disponíveis no Portal da Transparência[3].

1.2.1 Trabalho em conjunto *com outros órgãos*

É comum e muito saudável a atuação do MPF em conjunto com outros órgãos. O MPF é o titular da ação penal e o

---

3. http://www.transparencia.mpf.mp.br/

destinatário natural das provas produzidas nas investigações. Porém, o MPF não tem estrutura nem *expertise* para produzir todos os tipos de provas, até mesmo porque já existem instituições estatais especializadas na produção de certos tipos de provas e investigações.

A Polícia Federal é o órgão com maior aproximação do MPF, por decorrência natural de suas atividades. A Polícia Federal, como os demais órgãos policiais federais, sofre controle externo do MPF, conforme art. 129, inciso VII, CF, e, como braço armado do Estado Brasileiro, é fundada na hierarquia e disciplina, integrante da estrutura básica do Ministério da Justiça (art. 2º-A, Lei nº 9.266/1996). Assim, deve haver controle estatal sobre a sua atuação, sem que isso signifique interferência em sua função técnica de investigação e elucidação das provas, muito menos que qualquer controle estatal tenha por finalidade fazer direcionamento político de suas investigações.

Assim, o trabalho com a Polícia Federal é decisivo. A PF é polícia judiciária, cabendo a ela cumprir as decisões da Justiça Federal, como mandados de condução coercitiva, prisões, buscas e apreensões, interceptações telefônicas etc. Cabe à PF lavrar os flagrantes de crimes federais e instaurar os inquéritos policiais e os termos circunstanciados de ocorrência, quando for à autoridade policial submetidos crimes de menor potencial ofensivo (art. 69, Lei nº 9.099/95).

A Polícia Federal tem atribuição para fiscalização em todos os casos em que houver a competência federal prevista no art. 109 da Constituição Federal, bem como nas atribuições previstas na Lei nº 10.446/2002, quando houver repercussão interestadual ou internacional que exija repressão uniforme, como nos crimes de sequestro, cárcere privado e extorsão mediante sequestro, se o agente foi impelido por motivação política ou quando praticado em razão da função pública exercida pela vítima; em casos de formação de cartel; relativos à violação a direitos humanos, que a República Federativa do Brasil se comprometeu a reprimir em decorrência de tratados internacionais de que seja parte; furto, roubo ou receptação de cargas, inclusive bens e valores, transportadas em operação interestadual ou internacional; quando houver indícios da atuação de quadrilha ou bando em mais de um Estado da Federação, falsificação, corrupção, adulteração ou alteração de produto destinado a fins terapêuticos ou medicinais e venda, inclusive pela internet, depósito ou distribuição do produto falsificado, corrompido, adulterado ou alterado; furto, roubo ou dano contra instituições financeiras, incluindo agências bancárias ou caixas eletrônicos e quando houver indícios da atuação de associação criminosa em mais de um Estado da Federação.

Assim, o amplo leque de atribuições da Polícia Federal não significa que todos os casos de investigação da PF o crime será de competência da Justiça Federal, já que, como visto, há outras atribuições da PF.

Também à Polícia Federal cabe a proteção de dignitários, que são aqueles que exercem um cargo elevado ou goza de um título proeminente.

O contato do membro do MPF com a Polícia Federal é cotidiano, tanto em decorrência do trabalho da Polícia Federal nas diligências dos inquéritos policiais quanto por meio de reuniões de trabalho, para melhor traçar estratégias para atuações conjuntas em casos mais importantes, para a realização de grandes operações etc. Da mesma forma que exerce o controle externo sobre a atividade policial, cabe também ao MPF manter diálogo institucional próximo com a Polícia Federal. Já que as provas produzidas no inquérito policial podem subsidiar uma ação penal, importante que o membro do MPF indique as importâncias das diligências e das provas para serem obtidas na investigação, para que a investigação da PF obtenha ainda melhores resultados. A atuação conjunta e em parceria destes órgãos é importante para os melhores resultados.

Outro órgão policial que o MPF também mantém controle externo é a Polícia Rodoviária Federal – PRF. A PRF tem suas atribuições previstas na Lei nº 9.654/1998, como fiscalização, patrulhamento e policiamento ostensivo, atendimento e socorro às vítimas de acidentes rodoviários e demais atribuições relacionadas com a área operacional do Departamento de Polícia Rodoviária Federal, com detalhamento no Decreto nº 1.655/1995. Assim, cabe à PRF a lavratura dos termos circunstanciados de crimes de menor potencial ofensivo, quando ocorridos sob questão fiscalizada pelos policiais rodoviários federais. Tal questão já foi decidida em 2014 pelo plenário do CNMP, no processo 1461/2013-22:

> "Plenário concluiu que não se pode deixar de levar em conta a imensa quantidade de infrações de menor potencial ofensivo detectadas pelas autoridades polícias. Segundo a decisão, recusar a contribuição conjunta de diversos órgãos estatais para a formulação de 'meros atos administrativos que atestam fatos que são potencialmente infrações de menor lesividade, findaria por enfraquecer a atual estatal na pacificação social – o que, certamente, não é o desejo de qualquer órgão ou servidor público brasileiro'".[4]

Além desses órgãos policiais, também o MPF exerce controle externo sobre a Força Nacional de Segurança Pública[5], que é uma força federal. Já o cargo de policial rodoviário federal, apesar de constante na Constituição Federal (art. 144, inciso III), não tem qualquer cargo provido atualmente.

Além dos cargos policiais, o contato do Procurador da República em sua profissão é constante com outros órgãos de

---

4. http://bit.ly/PRF-TCO
5. Lei nº 11.473/2007 e Decreto nº 5.289/2004

fiscalização, como Receita Federal do Brasil, Ministério da Transparência (ex-Controladoria Geral da União), Instituto Brasileiro do Meio Ambiente e dos Recursos Naturais Renováveis – IBAMA, Conselho de Controle de Atividades Financeiras – COAF, Banco Central do Brasil. Todos estes com expertise e excelente conhecimentos técnicos, cada um em sua área. Em grandes operações em que são constatadas lavagem de dinheiro, sonegação fiscal ou graves danos ao erário ou ao meio ambiente, certamente pelo menos um destes órgãos exerceu uma análise técnica que vai subsidiar bastante a atuação do Ministério Público Federal quando submeter a questão a juízo, através de uma ação civil ou penal.

1.2.2 Atuação cotidiana em várias áreas

Quem se prepara para concursos públicos sempre costuma analisar a atuação dos cargos que pretende trabalhar. Além das vagas, salários, lotação, atribuições, a atuação cotidiana é algo fundamental. Afinal, é a carreira que você quer abraçar, se dedicar por muitos anos, diariamente, fazendo viagens, analisando processos, audiências, com suas dificuldades e vantagens. É um espaço que o aprovado ficará por muitas horas do dia e terá por atribuição prestar o melhor serviço público, que é o dever do servidor público, na função que esteja, já que é devidamente remunerado pelos cofres públicos para exercer sua atividade profissional da melhor forma.

No MPF, muitos sempre se lembram das investigações criminais e de improbidade. Normalmente, se lembra de um Procurador da República por investigações e ações judiciais voltadas à área de combate à corrupção, que chama a atenção nacional por grandes processos em curso no STF e STJ, que são de atribuição do Procurador-Geral da República, e também em vários Estados, com destaque para casos da operação Lava Jato, mas que estão espalhados por todos os Estados da federação. Mas nem só nos casos de combate à corrupção atua o MPF.

A Procuradoria-Geral da República é dividida em 7 Câmaras de Coordenação e Revisão. E ainda tem a Procuradoria Federal dos Direitos do Cidadão, a Secretaria de Cooperação Internacional e o Grupo Nacional Executivo da Função Eleitoral – GENAFE. Assim, são pelo menos 10 áreas temáticas de forte atuação dos membros do MPF em todo o país:

1ª Câmara de Coordenação e Revisão: atua relativamente à educação, à saúde, à moradia, à mobilidade urbana, à previdência (inclusive as complementares pública e privada) e assistência social, aos conflitos fundiários, bem como na fiscalização dos atos administrativos em geral;

2ª Câmara de Coordenação e Revisão: atuação na matéria criminal;

3ª Câmara de Coordenação e Revisão: defesa do consumidor, da concorrência e da regulação da atividade econômica, acompanhando as respectivas políticas públicas;

4ª Câmara de Coordenação e Revisão: atua na defesa do meio ambiente e do patrimônio cultural;

5ª Câmara de Coordenação e Revisão: atua na área do combate à corrupção, abrangendo as ações de improbidade administrativa e ações penais de crimes contra a administração pública;

6ª Câmara de Coordenação e Revisão: trata especificamente dos temas relacionados aos grupos que têm em comum um modo de vida tradicional distinto da sociedade nacional majoritária, como indígenas, quilombolas, comunidades extrativistas, comunidades ribeirinhas e ciganos;

7ª Câmara de Coordenação e Revisão: relacionada ao Controle Externo da Atividade Policial, tem como objetivo velar pela regularidade, adequação e eficiência dos procedimentos empregados na execução da atividade policial;

Procuradoria Federal dos Direitos do Cidadão: tem como atribuição o diálogo e a interação com órgãos de Estado, organismos nacionais e internacionais e representantes da sociedade civil – persuadindo os poderes públicos para a proteção e defesa dos direitos individuais indisponíveis, coletivos e difusos;

Secretaria de Cooperação Internacional: atua em assuntos de cooperação judiciária e jurídica internacional com autoridades estrangeiras e organismos internacionais, bem como no relacionamento com órgãos nacionais voltados às atividades próprias da cooperação internacional;

Grupo Nacional Executivo da Função Eleitoral – GENAFE: tem por missão coordenar o Plano de Ação da Função Eleitoral, coordenando os trabalhos nacionais eleitorais, em auxílio ao Procurador-Geral Eleitoral.

Assim, estas são as áreas temáticas de atuação no MPF, indicando a ampla atribuição que um membro do MPF possui. Não é só combate ao crime, mas toda esta ampla área temática. No início da carreira, muitas vezes o Procurador é lotado em Procuradoria com ofício único ou no máximo outro colega, o que acaba indicando uma atribuição de "clínica geral" ao membro novato, que atua em todas as áreas. Mas se for atuar em uma unidade do MPF um pouco maior, já haverá divisão temática, podendo se especializar em uma dessas áreas de atuação. Em unidades maiores, os ofícios já são distribuídos para avaliação das matérias vinculadas a cada uma das áreas, o que já aperfeiçoa ainda mais a atuação do MPF.

2

O COMEÇO DOS ESTUDOS

Após concluir o ensino médio, resolvi fazer concurso para Comunicação Social – habilitação em Jornalismo. Dentre as carreiras apresentadas naquele momento, aos 17 anos, o Jornalismo era a carreira que eu mais me identificava. Pelos próprios bons desafios do jornalismo e importância do trabalho de jornalista. Sempre fui um leitor diário de jornais e revistas, talvez isso tenha me motivado, ou talvez tenha sido a falta de um melhor conhecimento de outras carreiras, como do Direito, naquela época.

O fato é que fui aprovado no vestibular da UFPA para Jornalismo e comecei no curso. No início, percebi que já adorava o curso e os colegas de faculdade, mas tinha dificuldade de me ver como profissional depois de formado. O trabalho do jornalista é difícil, o mercado de trabalho complexo. Para exemplificar, desde aquela época havia discussão jurídica sobre se a função de jornalista era privativa ou não de quem tinha diploma. Tal discussão em 2009 foi resolvida pelo STF, entendendo que é inconstitucional a exigência de diploma para o exercício do jornalismo (Recurso Extraordinário – RE 511961). Assim, este e outros pontos acabaram por me fazer traçar um outro caminho, que era começar a faculdade de Direito. Comecei no ano seguinte, e acabei por fazer as duas faculdades ao mesmo tempo, já que mesmo se afigurando as dificuldades do jornalismo, ele era uma grande paixão profissional, além dos amigos de faculdade que me motivaram a continuar.

Creio que esta dificuldade de encontrar um curso é comum entre muitos universitários, até mesmo porque no Brasil somos obrigados a definir muito cedo a profissão que queremos para a nossa vida inteira. Por conta disso, algumas vezes as nossas escolhas podem ser alteradas. Enquanto mais cedo descobrirmos isso, melhor. Se pudermos escolher logo o curso "certo", muito melhor. Mas isso não significa que qualquer escolha será imutável. Toda a experiência é válida e nos acrescenta muito.

Assim, com a aprovação no curso de Direito da UNAMA – Universidade da Amazônia, verifiquei já na faculdade que opção pelo concurso público é uma prática comum no Brasil. Há muitos concursos públicos e os salários são bons principalmente para o início de carreira. Muitos dos meus colegas de faculdades buscavam já o concurso desde o início. Na área jurídica, a oferta de vagas é muito grande e espalhada por várias cidades. O Brasil ainda tem uma cultura do bacharelismo em Direito muito forte. Mesmo as áreas em que não há necessidade específica de uma formação jurídica, acaba por exigir ou conferir um grande peso a esta formação jurídica nos concursos públicos.

Deu-se dois anos de estudos nas duas faculdades, o que acabava por inviabilizar uma maior dedicação a um dos cursos. O mais importante naquela época era conseguir assistir às aulas, realizar os trabalhos de faculdade e estudar para as provas. No final do curso de jornalismo, nos semestres finais diminuem as matérias, busquei também um estágio. Estagiei alguns poucos meses nos Juizados Especiais Federais e, após, no Tribunal Regional do Trabalho. Tal prática, apesar de positiva profissionalmente pelo conhecimento de teoria e prática que obtive, me deu a impressão que eu não queria estudar para concursos na Justiça. O que me atraia mesmo era o Ministério Público. Assim, fiz um breve estágio no Ministério Público Estadual e, logo em seguida, após processo seletivo, fui chamado no estágio do Ministério Público Federal. No quarto ano de faculdade, o estágio no MPF já era uma grande motivação, de conhecer por dentro o órgão que admirava de suas atuações profissionais e pela sua importância constitucional.

Foi uma excepcional experiência. Desde o início estagiando em gabinete de Procurador (que é a regra dos estagiários de Direito no MPF), já podia analisar e minutar peças jurídicas. Esta experiência foi marcante e muito válida. Por cerca de dois anos atuei como estagiário, tendo o privilégio de ter chefes com muito conhecimento jurídico e condições de auxiliar também meu ensino naquela época, como os atuais Procuradores da República Jaqueline Buffon, Ládia Chaves e Edson Virgínio. Toda a experiência, troca de informações e contatos próximos foram muito bons. Da mesma forma, outros Procuradores foram fundamentais nesta aprendizagem e busca de experiência, como os Procuradores Ubiratan Cazetta, Felício Pontes Jr., José Augusto Potiguar e Régis Richael da Silva.

Assim, no decorrer do tempo de estágio, vendo as ações judiciais e como o trabalho do MPF impactava a realidade, mudando-a para melhor, isso me trouxe a convicção de que queria fazer parte daquele "time", como Procurador da República.

Mas como o concurso de Procurador da República era algo mais complexo para se fazer inicialmente, surgiam concursos nos quais a minha aprovação era mais "tangível" naquele momento, apesar de ainda muito difíceis. No penúltimo semestre da faculdade, fiz o concurso de Procurador Federal, carreira da Advocacia-Geral da União. Não fui aprovado, mas obtive boas notas na prova objetiva, o que me deu mais motivação para seguir. Para obter experiência e também uma garantia de emprego, fiz concursos e obtive aprovação para Analista do Ministério Público da União, Advogado Público do Banco da Amazônia e Técnico do Tribunal de Justiça do Estado do Pará. Em todos fui convocado, mas, posteriormente, como já estava em outro emprego, pedi desistência da nomeação.

Neste período, também fiz concurso de Procurador da República como "treino". Não passei na primeira fase, mas isso já me deu uma ótima experiência de como é a prova, o controle do tempo e a algo sobre as preparações e expectativas de véspera da prova. Tudo isso me foi de extrema valia para quando fiz o concurso "pra valer". Não consegui fechar os grupos, mas vi que, se estudasse com dedicação e empenho, teria condições de completar os grupos e alcançar o mínimo. Quando saiu o resultado do concurso – e vi que não obtive o mínimo – tive esta sensação. E neste mesmo concurso que fiz como treino, um colega do grupo de estudos, o atual Procurador da República Bruno Valente, conseguiu o "feito" de passar para a segunda fase. Isso deu ao nosso grupo uma confiança maior para os estudos. Afinal, era "um de nós" que tinha conseguido a façanha de ir para a segunda fase do concurso. Tudo isso encheu ainda mais de esperança e motivou os nossos estudos. O colega Bruno não passou na segunda fase desta vez, passou no concurso após, junto comigo e com Maria Clara Noleto, também do grupo de estudos.

No último semestre da faculdade, comecei a postergar a intenção de ser aprovado para Procurador da República para me focar em um concurso com edital lançado e, em tese, menos difícil, que era o concurso da Advocacia-Geral da União para o cargo de Advogado da União. Já que havia previsão de chamamento de centenas de aprovados, imaginei que seria um pouco mais acessível naquele momento.

Assim, me surpreendi por conseguir ser aprovado na primeira fase do concurso, e pude me dedicar a estudar para a segunda fase (na época, não havia prova oral para a AGU).

Consegui "focar" os estudos para a segunda fase, estudando matérias que não tinha visto na faculdade, como Direitos Humanos, e outras as quais não tinha muita afinidade, como Direito do Trabalho e Direito Comercial.

Após a aprovação na primeira fase, foquei somente na segunda (e última) fase do concurso de Advogado da União. Peguei provas anteriores e estudei o método de concurso aplicado pelo CESPE/UnB. Estudei com rapidez matérias que eu não tinha o conhecimento técnico adequado, mas que eram necessárias para um bom desempenho.

Após alguns meses, saiu o resultado, com minha aprovação para o cargo de Advogado da União. Foi uma festa e um alívio muito grande saber que eu já havia sido aprovado para uma carreira jurídica muito boa. Tinha a tranquilidade e maior segurança.

A carreira da Advocacia-Geral da União é muito boa, tem muita possibilidade de crescimento e tem uma função pública das mais importantes para o país. Tem profissionais capacitados e novos horizontes a serem explorados. É uma carreira na sua maioria composta por novos Advogados, que tem muito a contribuir para o aperfeiçoamento das instituições brasileiras. Tive uma ótima experiência profissional e bons tempos de trabalho na AGU. Muitos amigos feitos e desafios profissionais enfrentados, com processos, audiências e estratégia de defesa e algo de ações proativas. Hoje já há lei aprovada prevendo o recebimento de honorários de sucumbência para advogados públicos, e ainda está em trâmite projeto que permite a liberação para advogar de forma particular, fora do mister público.

Mas isso em nenhum momento tirou minha vontade de estudar para Procurador da República.

Para o planejamento de ser Procurador se tornar realidade, tive que traçar (e cumprir) o método planejado. Da mesma forma que ter passado no concurso da AGU poderia me trazer alguma segurança para estudar para o concurso que eu queria, esta aprovação anterior também poderia trazer certo comodismo e me desviar do foco. Afinal, a carreira da AGU já me delineava desafios profissionais e eu tinha que trabalhar e me dedicar seriamente ao trabalho de advogado público, e também já tinha um salário e a possibilidade de querer mudar o foco dos planejamentos.

Mas mantive o planejamento e o método de estudos, agora com as luzes voltadas ao edital de Procurador da República. Mudou muito a estratégia do concurso da AGU, mas a dedicação tinha que ser a mesma.

Como método de estudos, tracei tais linhas após algumas conversas com Procuradores da República que trabalhavam na unidade do MPF em que fiz estágio. Na época não havia um livro como este, detalhando os passos e a estratégia para a aprovação para o MPF, e a experiência de Procuradores da República, que tiveram que passar pelo crivo do concurso e que sabem os detalhes da prova, são sempre fundamentais, para dois pontos:

a) demonstrar que, sim, você consegue! (*Yes, you can!*): não precisa ter estudado na Universidade X ou Z, ter capacidade extraordinária nem ter plano de estudos mirabolantes para passar no concurso. Quem passa são pessoas comuns, que são dedicadas e que tem planejamento e foco para a aprovação. Há acesso à informação muito boa em qualquer lugar, com acesso à internet, com livros, cursos e vídeos. Um dos ativos principais para obter resultado é o seu tempo e dedicação para os estudos. Não há informação inacessível ou exclusiva que não pode ser acessada por quem busca o conhecimento. Às vezes, a informação está por um preço bem baixo, com ótima relação custo-benefício;

b) há certas dicas, formas de se estudar o conteúdo e se preparar para a prova que só quem passou pode repassar aos demais.

Como diria Roberto Shinyashiki: "Vencer não é competir com o outro. É derrotar seus inimigos interiores".

Toda a estratégia de estudos deve avaliar se você está trabalhando ou não, fazendo algum outro curso superior ou de pós-graduação, por exemplo, se exerce outra função além de estudar para o concurso, como pai/mãe, responsável por cuidar dos pais/avós. Ou seja, se tem ou não o dia livre.

Atualmente, ter todo o dia livre é para poucos. Algumas pessoas podem ter o privilégio de estarem formadas e estudando em casa. Se você estiver nesta situação, aproveite ao máximo. Lembre-se, esta será talvez a única oportunidade que você terá tanto tempo.

E se você ainda estiver na graduação lendo este livro, fica uma dica preciosa: faça uma boa graduação. Isso será muito importante para se obter um diferencial e conseguir com mais tempo abranger várias áreas do direito, ampliar seu conhecimento com leituras paralelas e interesses diversos da área jurídica. Quando se está na graduação não é tão fácil perceber esta importância, com menos de 20 anos na faculdade e buscando conhecer o mundo. Mas, se puder e ainda estiver neste período, aproveite seu tempo para ampliar seu conhecimento jurídico, tanto nas matérias exigidas como lendo algo além e buscando novas formas de se relacionar com a disciplina jurídica. É claro que se fazer uma boa graduação faz bem para você, mas não é decisivo para sua aprovação em um concurso público. É como numa maratona: você pode até sair na frente, mas se não mantiver um bom ritmo e perder o foco, será facilmente superado por outro competidor.

E também não é o nome da faculdade que a pessoa cursou que é decisivo para uma aprovação. Há aprovados no MPF de faculdades das mais tradicionais e conceituadas do país, como USP, UnB, UFRJ, UERJ, UFMG, UFRGS, mas também muitos aprovados de faculdades de estados menores e muitas faculdades particulares sem tanta expressão nacional. Eu fiz a graduação em Direito na UNAMA (Universidade da Amazônia), na época a melhor faculdade particular em Direito do Estado, mas que não estava entre as mais conceituadas do país (eu já fazia o curso de Jornalismo na UFPA e diziam que não se podia ter dois vínculos na mesma Universidade pública, por isso optei pela UNAMA). Na verdade, quem faz a graduação é o aluno, independente de onde ele estiver. A motivação pessoal, a persistência e a busca pelo conhecimento – hoje cada vez mais democratizado com a internet e todo o arcabouço das redes sociais – é algo revolucionário e facilita ainda mais se quebrar barreiras e nivelar o conhecimento por todo o país. Na internet há muito boas informações. Há cada vez mais livros direcionados ao assunto. E os cursos *on-line* estão acessíveis a todo o país

2.1 PLANEJAMENTO DE ESTUDO

Planejar é preciso. Uma boa preparação pressupõe um planejamento adequado. Como dizia o escritor francês Antoine de Saint-Exupéry (1900-1944): "O futuro não é um lugar onde estamos indo, mas um lugar que estamos criando. O caminho para ele não é encontrado, mas construído e o ato de fazê-lo muda tanto o realizador quando o destino".

Cada um tem seu tempo, forma e condições de estudo. Cada situação pessoal e disponibilidade de tempo indica uma preparação diferente. Cada um tem uma experiência diferenciada. "O homem é o homem e suas circunstâncias", "eu sou eu e minhas circunstâncias", já diria o pensador espanhol Ortega y Gasset (1883-1955). Cada pessoa tem sua forma de encarar e sentir, e cada um tem experiências de vida diversas. Não há um método único e exclusivo de sucesso. Fosse assim, era só seguir a cartilha e conseguir a aprovação.

O importante é cada um ter seu método, traçar objetivos, impor metas pessoais, montar cronograma de estudo. Estabelecer um planejamento possível de ser alcançado (impor um cronograma de estudo de 10 horas por dia durante 3 meses, sem dia de descanso, é estabelecer meta inalcançável) e cumprir o planejado da forma mais fiel possível.

Inicialmente, leia o edital e a resolução do último concurso de Procurador da República. Muitos candidatos nem mesmo leem o edital e já querem começar a se preparar para o concurso. Tire uma hora dos estudos, leia o edital e comece a entender os detalhes. Veja o conteúdo programático do concurso. Isso é uma etapa necessária para delimitar suas metas.

Após a leitura do edital e de se delimitar sua forma de estudo, trace seu método de estudo. Encaminho abaixo método que pode auxiliar o candidato, lembrando sempre que cada pessoa tem seu ritmo e forma de estudo. Horário, estratégia e condições diferentes. Assim, a sugestão pode ser adaptada à condição específica de cada um:

Caso esteja com o tempo inteiro livre para estudos, indico o seguinte método:

a) de segunda à sexta, estudos de manhã (a partir das 08h ou 09h) até as 12h. Após, das 13h30min até as 18h, com interrupção para breve lanche;

b) de segunda à sexta, no período livre, estudar por videoaulas das 18h30min às 20h, por exemplo;

c) tardes de sábado e domingo livres para atividades recreativas;

d) se quiser fazer um exercício físico (o que é recomendável), escolher 3 dias na semana para um exercício matinal ou noturno (a desvantagem de fazer à noite e que o exercício pode deixar seu organismo muito estimulado e trazer dificuldade no sono. Se não for o seu caso, tudo bem). Se tiver alguma dúvida sobre sua condição física e saber qual tipo de exercício fazer, procure um médico e um profissional de educação física. Fazer exercícios de forma regular (não é para ser garoto[a] *fitness*, mas para manter a saúde);

e) alternar o estudo em sua casa ou sala de estudo;

f) leve à sua família a importância do seu projeto e que você, mesmo sabendo que é uma tarefa árdua, está focado no concurso e tem um planejamento. E explique que com a compreensão de todos que compartilham de sua rotina certamente o resultado será mais possível. Lembre-se que você não está "só" estudando. Aliás, "só" estudar (estudar o dia inteiro) é a tarefa mais árdua e cansativa, já que traz um cansaço mental;

Se o candidato estiver estudando, trabalhando ou tenha tarefas domésticas diversas que não permita o candidato estudar todo o tempo, não se preocupe. Isso ocorre com uma enorme quantidade de candidatos. Inclusive, o perfil dos aprovados no concurso do MPF tem se alterado nos últimos anos, com a maioria dos aprovados tendo uma função profissional anterior. Ou seja, são obrigados a compartilhar seu tempo com um trabalho e, muitas vezes, com tarefas domésticas e papéis de pai/mãe etc.

Caso sua situação seja esta, trago algumas sugestões:

a) mantenha uma rotina de estudos diária. Se tiver 5 horas de estudo, aproveite. Se tiver, 3 horas, se dedique ao máximo neste tempo. E mantenha esse tempo de estudo como algo fixo, uma obrigação. Obrigação tão importante quanto o seu trabalho. Se conseguir, acorde um pouco mais cedo e já estude pelo menos mais uma hora pela manhã. Faça um acordo com você, de que nestas horas você dedicará ao seu planejamento de se tornar um Procurador da República. Mantenha regularidade e habitualidade nos estudos;

b) se o seu ambiente de estudos for sua casa, prepare seu ambiente, se apronte e estude durante o tempo que tiver. Se preferir estudar em outro lugar, como na faculdade ou na biblioteca pública perto do trabalho, faça desta forma. Crie sua própria rotina;

c) aproveite o sábado para estudar. Em um feriado, também aproveite pelo menos uma manhã ou tarde completa do feriado para manter os estudos. Lembre-se que a rotina dos estudos exige uma constância;

d) tire férias e aproveite uma parte delas para estudar. Se possível e estiver perto da prova, aproveite as férias para dar um "gás" nos estudos;

e) leve seu livro ou *tablet* com material de estudo para onde for. Pode ser videoaula também, leve seu fone de ouvido. Se estiver advogando e for para uma audiência, pode aproveitar para ler enquanto espera a audiência iniciar. É um tempo precioso que não pode ser desperdiçado. Nestes momentos, aproveite para ler algo não tão denso, mas matérias referentes aos estudos para o MPF. Eu costumava ler livros de resumo ou matérias que eu mais gostava, como direito penal e direito constitucional. Há pessoas que gostam de ler outros assuntos para espairecer. Eu preferia sempre ler algo relacionado ao concurso. Além disso, só lia notícias dos jornais e internet. Deixava todos a minha leitura de livros só para o conteúdo jurídico;

f) explique a sua família qual seu plano de estudos, demonstre as dificuldades e mostre que você já tem uma meta de estudos e planejamento, demonstrando que é uma tarefa árdua, mas que você está focado nos objetivos, e com compreensão de todos certamente o objetivo será mais facilmente alcançado. Demonstre o quanto é difícil a preparação para um concurso, mas que a aprovação em um concurso trará benefícios;

g) o fator "sorte" pode até existir. Mas ele só existe se estivermos preparados. Quanto mais e melhor se estuda, mais há chance de cair na prova o que se estudou. Quanto mais e melhor se estuda, mais temos sorte. Como já disse o multicampeão de golfe, Tiger Woods: "Eu tive sorte, mas só depois que comecei a treinar 10 horas por dias".

Há também a frase do físico alemão Albert Einstein (1879-1955): "O único lugar em que o sucesso vem antes do trabalho é no dicionário".

2.2 ESPAÇOS PARA ESTUDO

Para estudo em casa, é imprescindível que haja um espaço adequado para os estudos. Como o planejamento é para estudo de médio/longo prazo, se o espaço não for adequado em pouco tempo trará dores de cabeça/de coluna ou sensação de indisposição.

Sugiro que, caso ainda não tenha, seja providenciado:

a) mesa de estudos de tamanho adequado, para seus livros e códigos de consulta imediata;

b) luz ambiente de boa intensidade, que não seja muito quente, mas que ilumine bem o espaço. Se tiver luz natural no espaço, também é bom;

c) cadeira que adapte o seu corpo e deixe confortável;

d) espaço em que, de preferência, não haja muito barulho.

Estes talvez sejam, juntos com os livros e materiais de estudo, o melhor investimento que você pode fazer em você mesmo, com retorno mais garantido.

Para estudo em espaço diferente da sua casa, importante alguns fatores:

a) que seja espaço adequado, como uma biblioteca. De preferência, que não seja muito longe de sua casa para não se perder muito tempo e energia no deslocamento;

b) que existam ótimas condições de estudo, com ambiente, espaço e luz adequados;

c) que não existam fatores de dispersão nestes ambientes.

2.2.1 Estudos em biblioteca

Se for em casa de parceiro de estudos, é importante que as condições acima também estejam preenchidas. E também que a reunião de estudos seja sempre como parte importante do aprendizado, compartilhando informações e trazendo bons elementos para o trabalho. Se for um grupo de estudos com candidatos voltados ao MPF, melhor ainda.

Tive um excelente grupo de estudos. Do grupo de estudos de 4 pessoas, 3 passaram no MPF e houve aprovações na AGU, concurso de Analista de Tribunal e para Procuradoria estadual. Minha namorada à época, e, agora, esposa, era uma das componentes do grupo. E isso não trazia qualquer problema. Pelo contrário, era um facilitador e um imenso apoio no momento de dedicação forte para os estudos. Além disso, os outros componentes do grupo também estavam totalmente dedicados em busca da aprovação.

Assim, todos os participantes tiveram êxito em aprovações em concursos, o que demonstra que era um grupo coeso e focado na aprovação. Creio que o grupo de estudo teve importância fundamental para a minha aprovação.

Para um bom grupo de estudos, recomendo:

a) que seja composto de poucas pessoas (4 ou 5, no máximo). De preferência, todas com a finalidade de estudar para o MPF, concurso federal ou para Promotor de Justiça, para facilitar o diálogo e o interesse dos temas estudados;

b) que todos os participantes estejam empenhados e levando o estudo a sério. E sempre tem que ter um ou mais participantes a "cobrar" dos demais participantes que voltem ao foco quando houver dispersão;

c) que resolvam questões de concurso do MPF juntos. A resolução de questões de provas anteriores é base fundamental para um estudo de qualidade e com direcionamento, para pautar a forma que estudar e entender o raciocínio dos examinadores para a elaboração e respostas nas provas. Nosso grupo de estudos resolveu as provas objetivas de pelo menos 6 concursos do MPF anteriores, mais de uma vez. A busca de saber qual é a resposta correta e depois debater o porquê das demais alternativas serem incorretas, é muito bom. Perceba nas provas que há uma certa constância na forma como o conteúdo é exigido quando há o mesmo examinador. E é comum a repetição de examinadores na prova do MPF. Por isso, conhecer a prova e a forma como as questões são formuladas é muito bom para evitar surpresas.

Ademais, resolver as questões nos dá sempre uma sensação boa de superar as dificuldades, trazendo maior confiança. Quando nosso grupo terminou de resolver as questões dos concursos do MPF (mais de uma vez), resolvemos também questões de outras provas, como do Judiciário Federal;

d) debater temas do concurso do MPF. Em um grupo, sempre há candidatos com conhecimento mais aprofundado em algumas matérias. Cada um tem seu perfil e preferência por matéria. Assim, é positivo que aquele colega com mais conhecimento sobre uma matéria possa explicar e esclarecer uma questão, abordando pontos de uma questão ou do próprio edital. Ganha o candidato que explica, já que consegue fixar mais a matéria com a sua "aula", e ganham os demais, que obtém uma aula gratuita e podem se aperfeiçoar também naquele assunto. Fazíamos muito isso no nosso grupo, e conseguimos ótimos resultados;

e) que não haja competição perniciosa entre os membros do grupo. Não deve haver sonegação de informações, de editais ou estratégias entre os membros da equipe. Todos busquem se ajudar. A concorrência não está nas pessoas daquele grupo. No caso do MPF, nem mesmo concorrência entre os candidatos existe, já que a regra é de sobrar vagas em cada certame. O importante é conseguir o objetivo de conseguir as notas mínimas para aprovação. A performance de todos irá melhorar se o grupo for unido e cada um ajudar o outro. Estar em um ambiente de competição é prejudicial e pode dispersar o grupo. Nosso grupo de estudos era assim, trouxe excelentes resultados por conta do apoio mútuo e da saudável competição, cada um trazendo seus conhecimentos e estimulando os outros a sempre se aperfeiçoarem;

f) cada um pode buscar um estímulo positivo no bom desenvolvimento de um outro membro da equipe. Um bom resultado, uma estratégia bem feita. Tudo isso deve estimular os demais, a sempre buscarem os exemplos internos para se aperfeiçoar. Comemorem as vitórias dos membros da equipe. A aprovação na primeira fase de um concurso, ou mesmo a aprovação final, é estímulo positivo. Afinal, sabemos das dificuldades de todos. A cada aprovação de um membro da equipe, a nossa aprovação se torna mais próxima e possível. Se a aprovação for sua, celebre junto com os amigos e passe a sua estratégia e dificuldades ao grupo;

g) que o grupo se reúna em um ambiente adequado e agradável a todos. Se puderem fazer um pequeno lanche, ao final, pode ser uma boa alternativa para se manter a união do grupo e mais um estímulo para se reunir.

2.3 CONTAGEM DO TEMPO DE ESTUDO E "ROUBADORES" DE TEMPO

O candidato analisa o edital do MPF, faz planejamento de estudos, compra os livros, arranja local para estudo, está com tempo disponível, já avisou toda a família. Daí quando vai começar os estudos, surgem os "imprevistos": grupos de WhatsApp/Telegram, redes sociais que não param de avisar novas mensagens, celulares que não param de tocar, mensagens "urgentes" para resolver questões que poderiam esperar até o final do dia etc.

São diversas as formas de se perder seu precioso tempo. E muito pouco para obter espaço e disposição para novos estudos.

Assim, todo o tempo que você tiver deve ser bem aproveitado. A cada leitura é uma oportunidade para fixar melhor determinado assunto, obter uma dica ou informação valiosa que pode definir uma questão. A melhoria da performance dos estudos certamente vai passar por este autocontrole.

Controle de tempo de estudos: Cada pessoa tem sua forma e estilo de estudo. Cada um busca algumas formas de estímulos positivos, motivações e controle para obter o máximo de um estudo (muitas vezes com tempo escasso). Assim, a dica que serve para uma pessoa pode soar estranha para outra.

Eu costumava realizar o controle de meu tempo através de um cronômetro. Isso, comprei um cronômetro simples, daqueles que só servem como cronômetro (para não cair na tentação de usar o celular e ficar perdendo tempo a cada minuto). Costumava buscar um estudo por uma hora inteira, que é o tempo que eu acho que consigo fixar bem o que estudo. Assim, só parava para qualquer intervalo após estudar uma hora, sem interrupção. Daí, parava e ia contando no mesmo cronômetro as demais horas, para somar, ao final do dia, o total de horas estudadas. Isso me dava uma ideia de quantas horas "líquidas" eu estudava por dia. E, no final das contas, isso é o que importa, já que esta forma de controle me proporcionava saber quantas horas eu conseguia estudar a cada dia, e ia anotando. E se eu visse que houve queda na quantidade do tempo de estudo, tentava ver o motivo disso, ou se era simplesmente dispersão ou outro motivo.

Este controle é uma forma adequada para se aferir o resultado útil e específico de um estudo. Há pessoas que não gostam de usar controle, preferem estudar até uma quantidade maior de tempo seguida. Outras preferem se basear nos períodos do dia (lanche, almoço, jantar etc.) para terem intervalos. Para mim, eu estava condicionado a não parar os estudos em menos de 1 hora. E também, acabava por não conseguir prosseguir na leitura por mais de uma hora. Acreditava que uma hora de leitura era tempo importante para ler sem perder a qualidade do aprendizado. É uma questão de estratégia que deve ser adaptada a cada candidato.

"Roubadores" de tempo: Sempre houve os "roubadores" de tempo de estudos: o namorado(a)/esposo(a)/mãe/pai que chama para alguma tarefa "urgente"; o telefone que toca de uma ligação "necessária"; aquela tarefa externa que deve ser realizada, o lazer com seus amigos, familiares ou sozinho, que sempre parece (e é) mais interessante do que ficar por horas a fio estudando.

Mas atualmente, temos ainda mais destes "roubadores" de tempo, que, se não fizermos qualquer controle, acabamos por ficar dependentes deles, na verdade "escravizados" aguardando a cada mensagem, ficando reféns da instantaneidade que eles nos proporcionam. E para quem está estudando sério para um concurso, principalmente para um concurso com edital longo e denso como é o de Procurador da República, tal controle sobre estas formas de perda de tempo deve ser ainda maior, sob pena de não restar tempo para um estudo focado.

Tais mecanismos podem ser aliados para sua preparação para concurso, se controlados. Se não, você que se torna refém deles:

Redes Sociais (Facebook, Twitter, Instagram e outras): São muito úteis para os estudos. Há muitos sites oficiais e de editoras jurídicas e perfis de professores e comentadores de direito em geral nas redes sociais. Há excelentes formas de se acompanhar a atualidade do mundo jurídico, criando um perfil nestas redes para obter conteúdo diário e atualizado das principais decisões, aulas, livros e comentários. Mas acredito que é necessária muita cautela.

Você pode criar um perfil e seguir estes perfis da área jurídica, direcionados especialmente ao concurso que está buscando (neste caso, de Procurador da República).

Mas o autocontrole deve ser exercido. Não se pode deixar estas redes abertas, para receber uma notificação a cada mensagem ou interação recebida. Isso interromperá seu estudo a cada 5 minutos, inviabilizando qualquer raciocínio e aprofundamento do estudo.

Assim, sugiro que crie o seu perfil, siga os perfis de preferência, voltados para o concurso, e consulte-os no final do dia, com um tempo máximo estabelecido. É uma forma de arejar as ideias jurídicas, consultando as novidades, mas sem atrapalhar seu tempo de estudos e lhe deixar dependente destes meios.

Para aqueles que não conseguem estudar sem, a cada 5 minutos, consultar as redes sociais (em uma via Facebook-Twitter-Instagram e no final começar tudo novamente) o melhor mesmo é, para o bem dos estudos, suspender temporariamente sua conta nas redes e voltar triunfante com a notícia da aprovação no concurso de Procurador da República. Com certeza esta sua publicação terá muitas "curtidas". Cometer o "facebookcídio" ou "twittercídio", no momento certo, é um ato heroico se não conseguir fazer um efetivo autocontrole. Você perceberá como isso lhe trará muito tempo para os estudos.

Aplicativos de comunicação instantânea (WhatsApp/Telegram e outros): outra forma de comunicação excelente para contatos e mais barata, que permite inclusive conversas, no caso do WhatsApp. Mas que facilmente escraviza os seus usuários se não houver certa autocontenção no seu manuseio. E o prejuízo para quem estuda é grande.

Assim, o melhor que se pode fazer é manter os programas, mas retirar qualquer notificação de recebimento de mensagens. Deixar o telefone no modo silencioso e sem qualquer alerta de recebimento. De preferência, longe de seu alcance, para evitar cair na tentação de consultar a cada momento.

Reflita sobre o tempo que perde a cada consulta no celular para ler e responder mensagens. As mensagens em quase totalidade não precisam ser respondidas imediatamente, não havendo qualquer prejuízo de ser consultada no final da manhã e da noite, por exemplo, de uma vez só, principalmente se você não tiver um trabalho que demande contato por mensagem. E a cada mensagem respondida pode surgir uma conversa, com diversas mensagens e mensagens. Daí, quando verificar já se passaram 30 minutos desperdiçados em algo que poderia ser muito bem resolvido depois. Mas mesmo que haja urgência, as consultas se ocorrerem podem ser feitas pelo telefone. Tente não ficar refém desta instantaneidade que a sociedade tecnológica impõe, principalmente no período que você estiver estudando. Se for o caso, avise as pessoas mais próximas que você está estudando e que responderá as mensagens no final do expediente ou nos intervalos, por exemplo.

Aliás, esta técnica de concentrar as mensagens para responder em uma parte do dia é usada por muitas grandes empresas, para que seus funcionários não fiquem presos à necessidade de responder imediatamente e diminuam sua produtividade.

Se você estiver em alguns grupos que tenham muitas mensagens e que não sejam seu foco neste momento, o melhor é que você peça licença e se desligue temporariamente do grupo. Se não a quantidade de mensagens, mesmo se vistas no final do dia, pode ser motivo de se perder em longas discussões no grupo e perder sua noite de sono. Se o grupo não for muito importante, o melhor é sair e focar no que interessa no momento, que é o seu planejamento para a aprovação para Procurador da República.

E-mails: Da mesma forma, se você estiver estudando lendo jurisprudências, assistindo videoaulas na internet não deixe seu e-mail aberto. Se deixar, há um grande risco de interromper seus estudos a cada momento que chegar uma mensagem, e acabar por ficar disperso e perdendo o foco do essencial.

Para ilustrar essa necessidade humana histórica em se concentrar, trago relato da revista Superinteressante[1], edição 306, de julho/2012:

> "Edison não conseguia se concentrar de jeito nenhum. Tinha sempre dois ou três empregos e passava o dia indo de um para outro. Adorava trocar mensagens, e se acostumou a escrever recados curtos e constantes, às vezes para mais de uma pessoa ao mesmo tempo. Apesar de ser um cara mais inteligente do que a média, sofria quando precisava ler um livro inteiro. Para completar, comia rápido e dormia pouco – e não conseguia se dedicar ao casamento conturbado, por falta de tempo. Se identificou? Claro, quem não tem esses problemas? Passar horas no Twitter ou no celular, correr de um lado para o outro e ter pouco tempo disponível para tantas coisas que você tem que fazer são dramas que todo mundo enfrenta. Mas esse não é um mal do nosso tempo. O rapaz da história aí em cima era ninguém menos que Thomas Edison, o inventor da lâmpada. A década era a de 1870 e o aparelho que ele usava para mandar e receber mensagens, um telégrafo. O relato, que está em uma edição de 1910 do jornal New York Times, conta que quando Edison finalmente percebeu que seu problema era falta de concentração, parou tudo. Se fechou em seu escritório e se focou em um problema de cada vez. A partir daí, produziu e patenteou mais de 2 mil invenções.
>
> É verdade que tudo ao nosso redor serve para nos distrair. Que as ferramentas criadas para roubar o seu tempo estão cada vez mais interessantes. E que todos aqueles links na internet são muito mais legais do que o seu trabalho. Homens do tempo de Edison não tinham um celular que tocava ou recebia e-mails enquanto eles tentavam ler um livro – mas a luta humana pela concentração está longe de ser um problema moderno. Na verdade é bem mais antigo do que você imagina
>
> (...)
>
> Por que ler um livro inteiro se comentar as fotos dos seus amigos no Facebook é muito mais divertido? Abrir várias abas no seu

1. bit.ly/super-concentracao

navegador e descobrir rapidamente tudo o que está acontecendo são coisas instintivamente prazerosas. Aliás, pesquisas recentes mostram que esse prazer pode ser tão viciante quanto o álcool. É que receber seus e-mails ou ver aquelas atualizações dos seus amigos libera dopamina, um importante neurotransmissor ligado ao prazer e à motivação. "Ela está por trás do nosso comportamento de busca, da vontade de procurar por algo novo. É ela que nos faz curiosos por novas ideias e informações", afirma em seu blog a psicóloga Susan Weinschenk, autora do livro *Neuro Web Design: What makes them click?* (Neuro Web Design: O Que Os Faz Clicar?, sem tradução no Brasil ainda). É isso que faz com que seja impossível ignorar a caixa de mensagens quando você sabe que tem mensagens novas: nosso cérebro as entende como uma tentação irresistível. "Com Twitter e e-mail, nós agora temos uma gratificação instantânea e constante para o nosso desejo de buscar", diz. Ou seja, não é a internet que nos distrai, nós é que construímos a internet da forma que ela mais nos agrada: distraindo-nos. Por isso, ela é cheia de janelas clicáveis, abas que se abrem e avisos visuais e sonoros".

2.4 UTILIZANDO O CELULAR A SEU FAVOR

Perceber o grande potencial que o celular tem como ferramenta para a sua preparação, pode lhe render horas de estudos a mais do que o planejado inicialmente no seu cronograma.

Foi-se o tempo em que o aparelho celular era utilizado apenas para ligações e envio de SMSs. Hoje, com toda a tecnologia disponível nas palmas das mãos, as possibilidades de uso desse aparelho são quase infinitas.

Equipados com telas de altas resoluções, câmeras quase profissionais, processadores de capacidades impressionantes, funcionalidades ilimitadas (com os adventos dos aplicativos), os celulares são aparelhos muito presentes em nossas vidas. É bem provável que o seu aparelho telefônico esteja neste exato momento com você, ou pelo menos no mesmo ambiente em que você se encontra.

Contudo, apesar desse aglomerado de funções, acabamos na maioria das vezes, não nos utilizamos da forma mais proveitosa possível. Seja porque não conseguimos ter autocontrole para nos desligarmos do aparelho e nos concentrarmos quando preciso, ou por subutilizá-lo de forma a não extrair todo o potencial que este pequeno aparelhinho possui para contribuir com a nossa preparação.

Trataremos de algumas dicas que irão facilmente conjugar o uso do celular aos estudos, sem que aquele sobreponha este.

Com base nesta ideia, apresento dicas de Edgar Ribeiro da Silva (com perfil no Instagram @edgar_mpf – recomendo segui-lo), servidor do Ministério Público Federal que está se preparando para novos concursos e tem um material bem interessante e atualizado para se enfrentar os concursos públicos tendo as novas tecnologias como aliadas. Com o auxílio e a autorização de Edgar, assino embaixo de todas as dicas, que é um verdadeiro manual de como se utilizar do celular e das redes sociais como aliado para impulsionar a qualidade de seu estudo.

2.4.1 Use e abuse da função de alarme do seu celular

Todo celular vem com aplicativos nativos, e um desses é o Relógio, que tem como uma subfunção o Alarme. O Alarme é uma função que quase todos conhecem, mas não utilizam, ou quando utilizam, só o usam com o intuito de não acordar ou lembrar de algum evento específico.

A proposta trazida aqui é a utilização dessa função para criar a sua rotina de estudos. Configure todos os compromissos de estudo que você tiver programado para sua semana, incluindo os intervalos de descanso. Exemplificando, Alarme 1 (7 am):

leitura de doutrina; Alarme 2 (9 am): Resolução de questões; Alarme 3 (10 am): Pausa para descanso; Alarme 4 (10h30 am): Estudo de jurisprudência; e assim por diante.

Cumpra religiosamente do início ao fim as atividades programadas no celular, até chegar o momento em que os alarmes virem rotina, ao ponto de você não precisar mais ser lembrado do que tem que fazer.

O uso dessa ferramenta simples irá ajudar muito nas primeiras semanas de quem ainda não tem um hábito de estudos a médio e longo.

2.4.2 A câmera tem outras aplicações além de tirar selfies pro Instagram

Certa vez, enquanto estudava pela manhã (e tentava bater minha meta de leitura doutrinária de 40 págs./dia), minha mãe disse que iria ao comércio sozinha. Como em época de fim de ano o comércio é muito movimentado e o risco de assaltos aumenta exponencialmente, resolvi acompanhá-la, mesmo não tendo terminado minha leitura.

Antes de sairmos, decidi bater algumas fotos das páginas que ainda faltavam para ler (eu já fiz isso várias vezes, mas só há pouco me dei conta do potencial dessa prática). Tirei ao todo 15 fotos, referentes às 15 páginas restantes para cumprir a meta do dia (sem a menor pretensão de ler tudo, afinal estava indo pra um lugar movimentado, e provavelmente nem teria a oportunidade de ler todas aquelas páginas).

Ledo engano! Ao chegarmos nas lojas, enquanto minha mãe ia andar pra cima e pra baixo atrás do que procurava, eu me escorava perto de alguma parede e começava a ler com a máxima concentração possível, mesmo nas condições nada favoráveis. Conseguia ler em média 2 págs. a cada loja que entrávamos. E como já esperado, fomos a mais de 15 lojas.

Pra minha surpresa, eu consegui esgotar o conteúdo do dia com folga, pois na 8° loja que entramos, eu já havia conseguido ler as 15 páginas. Se eu tivesse tirado mais fotos para ler, sem dúvida teria conseguido vencer a leitura extra.

Tirei duas lições desse evento.

Primeira: sempre há um tempo entre uma atividade e outra. (seja esperando o elevador, na fila de um banco, na espera de uma consulta, no supermercado). Como exemplo de que sempre há esse tempo, em 2018 eu consegui concluir 3 livros (não jurídicos) de 400 páginas em média, no período de 2 meses, somente no intervalo em que o ônibus levava da parada de casa até o trabalho (o que levava cerca de 40 minutos a 1 hora).

Segunda: nem sempre é possível andar com uma doutrina, ou Vade Mecum para todo lugar, mas tirar fotos das páginas que você precisa estudar não irá adicionar peso ao seu celular, nem ocupar espaço na sua bolsa/mochila. Transforme qualquer tempo ocioso em tempo produtivo. Todos nós temos algum imprevisto que nos impede de finalizar alguma meta traçada para o dia, mas podemos contornar certas situações se tivermos um plano B para estudar nesses momentos.

2.4.3 O bloco de notas do celular

Essa dica pode salvar uma vida quando o assunto é decorar prazos, quóruns, exceções às regras, composições dos tribunais superiores.

Os post-its virtuais podem ser uma excelente ferramenta na hora de estudar assuntos tidos como "decorebas".

Segundo pesquisa realizada pela dscout, uma pessoa toca em média 2.617 vezes no celular em um dia[2], entre abertura

2. http://bit.ly/toques-celular

de aplicativos, mensagens e leituras. É um dado que realmente nos assusta à primeira vista. De toda forma, é algo que pode ser usado a favor da sua preparação. Basta você criar o hábito de colocar notas na área inicial da tela do seu celular, com anotações curtas e pertinentes aos assuntos que você está estudando no dia ou semana, isso fará que com você tenha um contato frequente com essas anotações, ao ponto de fixá-las.

Seja sincero, você nunca pensou que aprenderia algo pelo simples fato de desbloquear a tela do celular.

2.4.4 Playlist no celular

É uma prática muito utilizada por alguns concursandos e que você pode agregar à forma como você estuda. Que tal ter sempre no celular um pasta especial só com áudios de aulas?

Uma excelente opção de estudo quando você estiver realizando tarefas repetitivas, que não demandem esforço intelectual. Você pode ouvir no ônibus, varrendo a casa, cuidando das crianças, malhando, ao dirigir. Ao invés de escutar uma música da Beyoncé no engarrafamento, você aprenderá sobre as características dos consórcios públicos.

Lembro-me de quando adquiri meu curso online, para preparação voltada a concursos de nível médio, eu baixava os áudios disponibilizados no site e guardava-os no celular. Como na época eu "só" estudava, sempre tirava um tempo para me exercitar. Então, toda tarde eu ia correr, como forma de espairecer e de dar um tempo dos estudos. Colocava os fones de ouvido e enquanto corria, escutava as aulas que já havia estudado, como forma de revisar algo que por alguma razão não compreendi.

Estes momentos eu não contava como estudo, mas, de certo, que aquelas horas tiveram efeitos positivos na minha preparação.

2.4.5 Podcast

Outra ferramenta que pode ser utilizada concomitantemente com a dica anterior é o uso de podcasts.

Para quem não conhece, trata-se de uma mídia de transmissão, assim como o rádio ou a televisão. São arquivos de áudios que são compartilhados em plataformas de streaming (v.g. Spotify). Grosso modo, é um "Youtube de áudio". Dessa forma, você pode seguir pessoas e acompanhar os seus podcasts "postados", chamados de episódios.

O interessante dessa ferramenta, que tem ganhado vários adeptos, é a quantidade significativa de materiais sobre os mais diversos assuntos, incluindo concursos. Encontramos por exemplo: aulas; dicas sobre questões de maior incidência em provas; informações sobre concursos; metodologias de estudo; debates sobre variados temas; motivação; técnicas para aumento de desempenho; e assim por diante.

Indico alguns dos Podcats que sigo:

Dizer o Direito: contém os informativos e súmulas comentadas de forma clara e direta, e é claro, com a qualidade sem igual dos trabalhos de Márcio Cavalcante.

Blog do Fernando Mesquita: indicações de estratégias de estudo, melhora na eficiência dos estudos, entre outros assuntos relacionados à concursos e aprendizagem;

Salvo melhor juízo: debates sobre assuntos ligados ao estudo do direito feito de um modo mais informal;

Café Brasil: conteúdo sobre reflexões dos mais variados temas;

Mamilos: conteúdo muito enriquecedor, com debates atuais e polêmicos regados de muita reflexão;

QC Cast: Trata de assuntos voltados para o mundo dos concursos, como temas mais abordados pelas bancas nos concursos;

Lex Cast: Trata de esclarecimentos de termos e interpretações jurídicas dos mais variados ramos do direito;

Estratégia Concursos: Basicamente, legislações em audiobooks.

Direito Criativo: Instigam a criatividade para resolver problemas jurídicos de forma inovadora, principalmente para aplicação na advocacia;

Amo Direito: Conteúdo jurídico com bom humor, para as horas mais relax do dia;

Páginas de Direito: Para quem quer aprofundar os estudos sobre direito processual civil, o professor e Desembargador aposentado do TJRS, José Maria Tesheiner, em parceira com a advogada e professora especialista em Processo Civil, Mariângela Mihoranza, elaboram conteúdos de altíssima qualidade.

2.4.6 Na hora dos estudos, deixe o celular no modo avião

Assim, você evitará a tentação de responder aquela mensagem sem importância (ou urgência) que acabou de chegar no seu WhatsApp, Instagram, Facebook, ou afins.

A mínima distração, por menor que seja, pode resultar em uma demora de 5 a 10 minutos para a retomada da concentração.

E por maior que seja a nossa disciplina, e consigamos não olhar o celular na hora de efetivo estudo, o simples toque da notificação, ou vibracall, pode desestabilizar o concursando em seu momento reservado à preparação. Em alguns casos, é até mesmo involuntário pegar o celular pra dar uma espiada nas redes sociais.

Utilizando-se desse artifício, você evitará o perigo de só dar uma conferida no que chegou de novo e ao invés disso, passar vário minutos, quiçá, horas preso ao celular.

O bônus do uso do modo avião, é a não interrupção pelas mensagens de SMS das operadoras oferecendo promoções, ou ligações da TV por assinatura para saber se você quer adicionar mais um canal ao seu pacote.

A hora do estudo tem que ser sagrada, sem interrupções, pois cada distração quebra toda uma linha de raciocínio.

2.4.7 O gravador de voz

Pode auxiliá-lo em todas as etapas do concurso, desde a fase objetiva até a fase oral. Principalmente se utilizarmos combinado com a dica da playlist. Crie seus próprios áudios, como uma forma de estudo ativo.

Tire um momento para responder questões em voz alta, isso trará uma nova perspectiva sobre a forma de preparação para concursos que exijam a prova oral. Além disso, você estará criando um banco de dados próprio que lhe possibilitará a autoanálise sobre quais pontos você deve melhorar, como dicção, coesão, coerência, domínio do assunto, etc.

Há também a possibilidade de criar resumos próprios em formas de áudio. A velocidade de revisão poderá aumentar exponencialmente com essa técnica, se for utilizada de forma correta.

2.4.8 Menos joguinhos e mais aplicativos de produtividade

Esqueça os joguinhos para celular e comece a baixar aplicativos úteis, como os de produtividade.

Quantas vezes já não estivemos numa situação em que, a espera foi nossa inimiga (como exemplos, na sala de espera de um consultório, na fila do banco, dentro do ônibus a caminho do trabalho) e abrimos algum joguinho no celular para nos distrair e evitar o tédio.

Agora, que tal pegar esses mesmos intervalos de tempo e utilizá-los para estudar?

Temos hoje uma gama enorme de aplicativos voltados para concursos, tanto para sistemas Android quanto para IOS. Aplicativos estes que podem auxiliar na organização do cronograma de estudos; na efetiva resolução de exercícios e simulados; no acesso a resumos de tópicos importantes por matéria; no gerenciamento de horas líquidas de estudo, na criação de mapas mentais. E o melhor, boa parte desses aplicativos são gratuitos.

Indico alguns aplicativos que uso e que me ajudam bastante no dia a dia:

Aprovado: O Aprovado te possibilita registrar seus estudos, analisar gráficos, manter um histórico e ter controle total de sua dedicação e desempenho.

Vade Mecum Jurídico – LEGIS: Você tem toda a comodidade de um Vade mecum Jurídico no seu Smartphone, o qual irá te auxiliar no estudo e se tornar um grande aliado na leitura da lei seca em momentos ociosos.

Concursos de Bolso: Possui um amplo banco de Questões, com a possibilidade de utilização de Filtros por tipo de concurso, Simulados, Resumos, Vade Mecum e diversas outras funções!

Mimind: É um organizador de pensamentos, ele disponibiliza ferramentas para a criação de mapas mentais. É uma excelente ferramentas para construir resumos em esquemas.

Aplicativos do 799 APPS: o 799apps é um desenvolvedor de aplicativos Androids voltados para concursos. Alguns dos aplicativos deste desenvolvedor são o Dir. Constitucional Fácil Lite, Dir. Administrativo Fácil Lite e Dir. Penal Fácil Lite. Basicamente consiste em resumos dos principais tópicos de cada disciplina com a possibilidade de realização de exercícios na própria plataforma.

CamScanner – PHONE PDF CREATOR: Aplicativo de digitalização e compartilhamento de documentos. Caso você queira ao invés de tirar foto das páginas do livro para ler mais tarde, criar PDFs para melhor visualização e organização do material, esse é o aplicativo certo para essa finalidade.

Em suma, são essas as indicações sobre formas de uso do celular que tenho para compartilhar. Acredito que o seu aparelho celular pode ser um aliado no seu aprendizado. Espero que você possa tirar o maior proveito dessa ferramenta tão rica e tão poderosa que é o celular, aliando-o aos seus estudos.

Há várias formas, métodos e técnicas que você pode aplicar para a sua preparação. Teste as que lhe agradam, as que lhe fazem render mais e aprender melhor. Acredito que toda forma de aprendizado é válida se fizer você aprender de forma mais simples e eficaz.

2.5 UTILIZANDO AS REDES SOCIAIS A SEU FAVOR

As redes sociais são ferramentas excelentes para aprender ou para perder seu tempo. São ferramentas atuais, que trazem as novidades e o que há de melhor na área do ensino jurídico. Há muitos perfis de cursos *on-line*, cursos presenciais, dicas de concurso, páginas de Tribunais Superiores, perfis de professores e escritores de livros jurídicos. Muitos com dicas de concurso, artigos, novidades da jurisprudência, questões de provas, comentários etc. Mas também há muita bobagem e perda de tempo. Entrar na internet pode significar informação atual e útil, ou horas e horas perdidas em chats e visualizações de páginas sem importância.

Passo a dar algumas dicas de perfis para quem já está nas redes ou quem quer se aventurar e buscar o conhecimento jurídico.

Twitter

Rede Social de microblog que permite o usuário enviar e receber atualizações pessoais, ou mesmo manter conversas públicas ou interagir por mensagens privadas.

Dentre os diversos perfis, sugiro alguns para seguir, que podem ajudar a atualizar seu estudos com temas relacionados às disciplinas jurídicas e ao MPF:

@MPF_PGR: perfil nacional do MPF/PGR, com uma ampla abordagem e divulgação dos assuntos das principais ações, recomendações, seminários e resultados do Ministério Público Federal em todo o país.

@STF_oficial: Supremo Tribunal Federal, notícias atualizadas, pauta de julgamento e principais casos. Nos principais julgamentos acompanha os julgados *on-line*.

@TSEjusbr: Tribunal Superior Eleitoral, notícias atualizadas do direito eleitoral.

@STJnoticias: Superior Tribunal de Justiça, notícias atualizadas.

@ANPR_Brasil: Associação Nacional dos Procuradores da República. Representa os membros do Ministério Público Federal. Traz os principais assuntos da atuação dos Procuradores da República.

@JOTAinfo: um dos principais sites jornalísticos que cobre com muita qualidade as questões jurídicas. Acompanha os principais julgamentos em tempo real. Traz artigos de profissionais das mais variadas áreas do Direito e apresenta uma cobertura bastante ampla dos assuntos.

@Cons_Juridico: Perfil de site Consultor Jurídico, um dos principais sites de notícias jurídicas do país.

@editjuspodivm: perfil da principal editora de concursos jurídicos do país. Traz lançamentos, promoções de livros, descontos relâmpagos, detalhes das obras jurídicas, dicas de preparação e muita coisa relacionada à área do Direito.

@gouveiamila: Professora e advogada. Atua no Conselho Editorial da Editora Juspodivm, com dicas especializadas para as preparações de concursos jurídicos, traz os principais livros da área.

@deltanmd: Procurador da República, com mestrado na Universidade de Harvard/EUA. Coordena a Força-Tarefa Lava Jato e traz as principais notícias no combate à corrupção no Brasil e no mundo.

@darlanbarroso: Professor e diretor pedagógico da Damásio Educacional.

@professorLFG: Luiz Flávio Gomes, jurista e cientista criminal.

@rogeriosanchesc: Promotor de Justiça do MP-SP. Professor de Direito Penal.

@dizerodireito: informativos comentados, notícias jurídicas, jurisprudência do STF e STJ comentadas e dicas para concursos.

@concursoscw: Perfil de concursos do Correio Braziliense/CorreioWeb, uma das melhores coberturas de empresas de jornais voltado para notícias gerais sobre concursos públicos no país.

@PortalMigalhas: Notícias do meio jurídico nacional.

@cursodamasio: notícias e preparação para concursos da área jurídica.

@cursoenfase: Curso preparatório voltado para concursos públicos da área jurídica.

@ebejiconcursos: Preparação para concursos públicos.

@federalconcursos: curso preparatório para concursos federais.

@juriseconcursos: Site voltado para preparação para concursos públicos.

@_Justificando: portal jurídico com artigos e notícias sobre o direito.

@MITOConcursos: curso com postagens acerca do concurso de Procurador da República.

@UTIconcurseiros: dicas, notícias e experiências de concurseiros pelo país.

@ilanpresser: Juiz Federal e professor de Direito Ambiental no curso Ênfase.

@caiocezarfp: Defensor Público Federal, professor de Processo Penal e Coordenador do @cursocei

Eu também estou no Twitter, com o perfil @AlanMansur.

Indicando estes principais nomes, o próprio Twitter já vai sugerir automaticamente outros perfis de professores e produção de conteúdo de relação com a preparação para concursos, caso queira ampliar o seu rol de informações.

Facebook e Instagram

Os mesmos perfis também estão presentes, como do Ministério Público Federal, Superior Tribunal de Justiça, Tribunal Superior Eleitoral, Editora Juspodivm, Dizer o Direito, Conjur, Justificando, de Procuradores da República e diversos professores.

Há também muitos perfis legais de candidatos que dividem seu cotidiano dos concursos voltado ao MPF, em especial no Instagram, que ajudam o candidato a perceber que não está só nesta caminhada. Cito alguns bons exemplos: @focoprocuradoradarepublica @mpfantesdos24 @mpfdesaltoalto @vemcomigompf @mpfnelesgirl @meta_mpf @estudos_mpf @fut.procuradora @procuradoradarepublica2020 @gogompf

2.6 CONTRATAÇÃO DE *COACHING*

Há uma tendência entre os candidatos de buscar ajuda com pessoas que orientem os seus estudos, para que consigam elevar a performance com metodologia, ferramentas e técnicas.

O *coach* seria a pessoa contratada para acompanhar, orientar os estudos e desenvolver as habilidades e competência da pessoa que o contrata.

O *coach* não tem por finalidade ensinar as matérias jurídicas, mas sim sistematizar o estudo jurídico, auxiliando a preparação para concursos jurídicos, juntando todos os livros e material de concurso e direcionar o estudante, analisando as necessidades e dificuldades de estudantes em geral. Como disse o líder espiritual Dalai Lama: "é muito melhor perceber um defeito em si mesmo do que dezenas no outro, pois o seu defeito você pode mudar". E é esta uma das intenções do *coaching*.

Faz a preparação com base no planejamento, metodologia e o emocional do candidato.

Há diversos *coaches* na internet, cada um propondo uma preparação direcionada e focada para o concurso que for necessário.

É mais uma forma de auxiliar o candidato. Não é algo essencial para a preparação para concursos, especialmente no concurso para Procurador da República. Mas o candidato pode buscar auxílio neste tipo de profissional, que ocupa hoje parte do mercado na preparação de concurso.

2.7 CRONOGRAMA DE ESTUDOS

Um dos grandes desafios para quem estuda para concurso é saber qual edital seguir.

Muitas vezes o planejamento do candidato é ser aprovado em qualquer concurso, querer um emprego/cargo público inicialmente. Daí é um pouco mais difícil focar no edital, já que todo edital aparece como uma grande oportunidade de emprego.

Mesmo assim, é bom o candidato se fazer algumas perguntas:

a) preciso de qualquer emprego, em qualquer lugar, rapidamente?

b) tenho como recusar um concurso público que seja em um Estado bem distante do meu? Valerá a pena o investimento financeiro e de tempo que farei para concorrer a estas vagas?

c) quero concorrer a vagas que exijam matérias totalmente diversas da que estou estudando atualmente, como informática, raciocínio lógico, matemática? Vale a pena esta mudança de direção?

d) tenho condições financeiras de me dedicar mais tempo para estudar melhor para um edital em específico ou prefiro buscar um concurso que possibilite maior chance de aprovação para conseguir logo qualquer cargo público?

e) tenho disponibilidade para concursos de cargos que exijam viagens constantes? Posso ficar longe de casa por muitos anos até conseguir ser lotado em minha cidade? O local de lotação é algo que interessa de imediato?

f) tenho aptidão para concursos que exijam teste físico, como cargos policiais? Estou disposto a me dedicar com atividades físicas para este cargo, deixando de ter mais tempo para estudos de disciplinas?

g) quero ser Analista/Delegado/Defensor/Advogado Público/Juiz/Ministério Público? Quero de fato exercer tais funções inerentes ao cargo que for aprovado?

Todas estas perguntas devem ser feitas e as respostas avaliadas pelo candidato. Não há um padrão melhor e adequado para todas as pessoas. Precisamos sempre ver as condições, vontades e sonhos pessoais. Nem sempre uma remuneração maior é melhor, se for em um cargo que o candidato não se identifique, se as condições de trabalho forem péssimas e até arriscadas, ou se for lotado em uma cidade com pequena infraestrutura ou muito longe de casa, por exemplo. Muitas vezes, o candidato tem suporte financeiro por questões familiar, pode já ter se programado financeiramente ou por ter um emprego/cargo que permita se dedicar ao cargo que pretende.

Há pessoas que preferem um cargo com menor responsabilidade e que possa ficar em sua própria cidade de origem, que permita continuar advogando ou mantendo uma empresa comercial, por exemplo. Ou mesmo para que possa se dedicar a dar aulas ou para ter mais tempo com a família.

O ideal é o candidato avaliar tudo sob sua perspectiva pessoal.

Em relação às condições da carreira de Procurador da República (lotação, perspectiva de remoção, impedimentos, vantagens) tudo isso será visto posteriormente neste livro.

Assim, fundamental o momento de quando o candidato realizar seu planejamento e entenda que possa estudar para o concurso de Procurador da República. Quando o candidato puder estudar com exclusividade para este concurso é muito bom, já que o edital tem certas peculiaridades. Mas também dezenas de candidatos recém-aprovados conseguem a vaga no ritmo de concurso que varia de editais de Ministérios Públicos dos Estados, Magistraturas Estaduais e Federais e Advocacia Pública. Aliás, hoje este parece ser a regra dentre os aprovados, cumulando uma função pública ou particular com os estudos para concurso.

Desta forma, não há um padrão único de aprovação.

O necessário é que o candidato avalie e estude o edital e o regulamento do concurso de Procurador da República.

Com a programação do MPF em vista, é decisivo para um estudo mais completo a combinação de doutrina adequada, (tele) aulas, jurisprudência e provas anteriores. Em todas estas fontes há boas e valiosas informações para sua aprovação. Uma programação completa de estudo não deve prescindir destas fontes.

Assim, sugiro o seguinte:

a) Doutrina: o edital do concurso é longo e extenso e sua doutrina deve ser precisa e cirúrgica no que realmente pode ser útil. Cada fase do concurso exige uma leitura diferenciada, sendo certo também que toda a leitura que você acumulou em outros concursos e durante as fases serão aplicadas e válidas para esta prova. Mas é importante ir modulando sua leitura a partir de cada fase a ser realizada;

b) Aulas presenciais ou teleaulas: em muitos momentos, as aulas são importantes. Tanto para dar um fôlego a quem está parado ou não está se dedicando exatamente ao concurso do MPF quanto para quem está há um bom tempo só estudando e precisa recapitular e ouvir algumas novas formas de abordagens. E a aula é boa também para alternar com a leitura, já que muitas vezes o estudo exclusivo pode se tornar muito cansativo e desmotivante. Neste particular, as aulas presenciais ou mesmo as teleaulas são uma forma excelente de conseguir o conteúdo de professores. Busque de preferência aquelas que realizem uma preparação direcionada ao MPF;

c) Jurisprudência: o estudo de jurisprudência é essencial para qualquer concurso jurídico, e também faz parte desta preparação. É decisivo o acompanhamento da jurisprudência do STF e STJ, através dos informativos. Importante ler os informativos, com uma boa periodicidade, para sempre estar atualizado e ir marcando na sua doutrina também. Eu costumava já ir marcando na doutrina, riscando e fazendo setas para as novas decisões de informativos, para que eu não ficasse confuso quando voltasse a ler uma doutrina. Assim, saindo uma decisão consolidada de Tribunais, eu já fazia a referência, o que facilitava e muito o próximo estudo. Leia os informativos com constância. Esteja sempre atualizado. Eu gostava de, pelo menos a cada duas semanas, imprimir os informativos e fazer anotações neles. Os informativos são fontes fundamentais de atualização e matérias exigidas nas provas de todos os concursos, inclusive MPF. Outro ponto decisivo são as súmulas do STF/STJ/TSE. Estes Tribunais já editaram bastantes súmulas, e continuam atualizando. E uma forma de estudar é sempre ler as súmulas e quando saírem novas, ir anotando o seu livro-base de estudos com a nova súmula na parte referente. Se for súmula de direito penal, anote na parte específica de seu livro de direito penal a nova súmula, para quando for estudar pelo livro já se lembrar da súmula, aprendendo da forma atualizada. Sei que no novo livro atualizado de penal sairá a súmula, mas não se pode esperar até lá, já que muitas vezes a prova é naquele ano, você não vai comprar o livro atualizado da matéria (muitas vezes nem vale a pena, visto que poucas coisas são alteradas) e às vezes nem mesmo o livro é atualizado;

d) Enunciados das Câmaras de Coordenação e Revisão do MPF: As 7 Câmaras do MPF são divididas por área temática (1 – constitucional, 2 – criminal, 3 – econômico/

consumidor, 4 – meio ambiente/patrimônio cultural, 5 – combate à corrupção, 6 – indígenas/comunidades tradicionais e 7 – sistema prisional/controle externo). Tais Câmaras atuam coordenando e revisando a atividade do MPF, conforme art. 50, inciso I, Lei Complementar nº 75/93 (Lei Orgânica do MPU). As Câmaras atuam sob delegação, realizando a avaliação que seria do Procurador-Geral nos casos de pedidos de arquivamento do art. 28, do Código de Processo Penal.

O MPF tem uma particularidade, que é a edição de enunciados das Câmaras. Estes enunciados podem ser contra a jurisprudência majoritária, mas orientam os membros do MPF a como proceder em determinadas questões. Os enunciados são os entendimentos consolidados de determinada Câmara de Coordenação e Revisão do MPF. Ou seja, se um Procurador da República conduz uma investigação em um Procedimento Investigatório Criminal, por exemplo, e chega a conclusão de que não houve crime naquele caso, por exemplo, o Procurador submeterá seu Procedimento ao arquivamento na Câmara do MPF da área que atua (criminal, por exemplo). Assim, se o despacho de arquivamento do Procurador estiver de acordo com a jurisprudência mas contra o enunciado da Câmara, o arquivamento será negado pela Câmara, que designará um outro membro do MPF para dar prosseguimento às investigações ou para que elabore denúncia ou ação civil pública, por exemplo. Assim, este estudo direcionado é importante, já que os ensinamentos dos enunciados orientam os membros do MPF e podem ser exigidos nas provas;

e) Escola Superior do Ministério Público da União (ESMPU): A ESMPU é responsável por, dentre outras tarefas, editar vários livros e publicações de produção de Procuradores da República e demais profissionais que dialogam com o MPF. Assim, é sempre importante o candidato se inteirar dos assuntos que a ESMPU está tratando. Além disso, há muitos membros da banca examinadora que já escreveram artigos, livros ou mesmo coordenam algum trabalho acadêmico na ESMPU. Todas estas informações são gratuitas e abertas, e podem auxiliar no entendimento do "perfil" da prova. Para obter maiores informações, segue link com vários trabalhos escritos pela Escola[3], e também diversas videoaulas de professores da Escola, no canal da ESMPU no Youtube[4], tudo gratuito;

Em relação à forma dos estudos, sugiro o seguinte:

a) Estudo em curso (aula presencial/teleaula): Há uma grande vantagem em se estudar por aulas presenciais ou teleaulas. São formas de obter informações de professores capacitados e experientes, e isso de uma forma selecionada, escolhendo exatamente as matérias que você prefere e precisa naquele momento.

Sobre a aula presencial, eu cheguei a estudar em um curso preparatório para concursos, aos sábados, dia inteiro. Foi uma boa experiência, já que em algumas matérias tinha dificuldade e as explicações de professores facilitavam o meu entendimento do que era lido posteriormente. A vantagem é que o professor pode dar maior clareza ao que é lido nos livros, e auxiliar os alunos a fazer uma ligação entre os pontos e aperfeiçoar o raciocínio jurídico entre as matérias, não raro dando exemplos concretos de suas atuações e vinculando casos reais e de acontecimentos recentes à matéria estudada. E em aulas presenciais o aluno tem maior facilidade de perguntar e interagir com o professor. Isso facilita muito o aprendizado. Além disso, para algumas

3. http://escola.mpu.mp.br/linha-editorial

4. https://www.youtube.com/user/escolampu/feed

pessoas, é melhor poder fazer um curso longe de casa, onde a pessoa tem mais tranquilidade e concentração para os estudos do que em sua casa. E é uma forma também de mudar os "ares" dos estudos, variando da forma de como se estuda, para sair um pouco da rotina. E os horários dos cursos também impõem que o aluno não se atrase e tenha maior compromisso com o tempo. Estas são características dos cursos presenciais.

Porém, a depender do candidato e da preparação específica, há algumas dificuldades. O custo, o tempo de deslocamento e o cansaço que isso traz podem ser barreiras às aulas presenciais. Muitas vezes estes cursos são mais caros. Por conta de várias facilidades e muitas vezes um preço mais baixo, as teleaulas são um grande sucesso, permitindo que se estude em qualquer cidade do país e em qualquer horário. Sem dúvida este tipo de aula democratizou o acesso às boas aulas jurídicas. Há várias facilidades, como a possibilidade de se ter aula com os melhores professores, a preços mais baixos e a qualquer momento. Mas para que o candidato tenha maior proveito com as aulas, fundamental que se programe para ter hora específica para assistir, evitando muitas interrupções. Sem disciplina de estudo, depender das teleaulas pode ser um problema e perda de tempo generalizada. Muito tempo em casa pode significar mais tempo para não se fazer nada, ou fazer tarefas que não são relacionadas ao concurso, dando a sensação ao final do dia, que o tempo passou e nada se produziu. Esta sensação em muitos dias pode trazer prejuízos e desmotivação.

Há excelentes teleaulas para quem estuda para o MPF. Dentre as conhecidas, sugiro as do Curso Ênfase (http://www.cursoenfase.com.br), do Alcance Concursos Jurídicos (http://www.alcanceconcursos.com.br), do Verbo Jurídico (http://www.verbojuridico.com.br) ou do Mito Concursos (http://www.mitoconcursos.com.br). Cada uma destas empresas adota sua política de prazo e acesso à plataforma de ensino e visualização das aulas, e cada um tem valor diferenciado, dependendo do pacote de aulas e de eventuais promoções. Há quantidade de acessos, prazos para acessos e materiais de aula de forma específica em cada uma. Por isso, importante o candidato ver a que melhor se adapta às suas necessidades.

Todas estas ferramentas são importantes e permitem uma democratização do conhecimento. Informações que eram restritas a algumas pessoas que estavam em grandes centros e só elas tinham acesso aos melhores materiais didáticos e professores, hoje estão à disposição de candidatos em todos os locais do país, sendo suficiente o acesso à internet, pagando valores muito menores do que se a preparação fosse realizada em uma cidade maior. Com uma internet razoável e com acesso aos principais livros, é possível que alguém que esteja em qualquer interior do país possa ter as mesmas condições de preparação para o concurso de Procurador da República do que quem está presente em grandes centros do país. As barreiras deixam de existir.

Outra forma atualmente muito comum de estudos é o aluguel de salas exclusivas para estudo. Tais salas já existem nas principais cidades do país e permitem o isolamento para o concurso que o candidato precisa e muitas vezes não encontra em casa. E também as salas de estudo fornecem uma estrutura ideal de espaço e condições de estudo, sem nada que permita interrupções.

b) Anotação dos estudos: cada candidato tem a sua forma de estudar. Particularmente, eu não gostava de fazer resumos. Acreditava que isso era perda de tempo, já que poderia estudar cada vez mais conteúdo. O que sempre fiz foi anotar as informações relevantes em meus livros. Ou seja, saiu uma nova decisão importante do STF e STJ sobre direito administrativo? Fazia logo uma anotação no meu livro principal de direito administrativo, para que na próxima leitura já fixasse logo a nova decisão. Havia uma discussão doutrinária sobre importante questão? Anotava também, para poder citar em uma eventual prova subjetiva que o doutrinador A entendia de uma forma e o doutrinador B de outra, indicando os principais trechos. Tudo isso a fim de demonstrar uma leitura e conhecimento ao examinador da prova, sempre que fosse pertinente ao exigido na questão. Desta forma, meus livros eram bem rabiscados com muitas notas em todas as partes, deixando meu material de estudo mais robusto e completo. E sempre atualizado com as novas decisões.

Porém, há muitos aprovados no concurso do MPF que fizeram cadernos de anotações e gostavam de fazer seus próprios resumos, com a finalidade de fixar melhor todo o conteúdo. Cada um tem seu próprio estilo, e escrever é uma ótima forma de fixar o que você estudou. Assim, se for fazer seu caderno de anotações, utilize um caderno próprio e dividido por matérias e temas. Isso facilitará quando for consultá-lo. A finalidade de um caderno de resumo é de treinar a escrita e consultá-lo quando necessário. Assim, seu material de resumo será importante para fixar o conteúdo jurídico, da melhor forma. Se for criar este caderno, capriche na organização, o que trará maior vontade para continuar escrevendo e consultando.

c) Inscrições em concurso: o ato de se inscrever em um concurso já é uma excelente motivação para os estudos. Saber que dentro de 2 ou 3 meses você terá que se submeter a uma prova específica com conteúdo programático extenso é uma boa estratégia de aperfeiçoamento e otimização do seu tempo de estudo. Muitas pessoas só conseguem se motivar quando há um edital a vista. Este é um erro, já que se sabe que a aprovação em qualquer concurso, muito mais em um concurso para Procurador da República, é resultado de uma longa preparação. Mas a inscrição é uma forma de estipular uma meta e pressionar um estudo

> mais forte. São recorrentes os estímulos variados de motivação e otimismo (com muitas coisas boas, disposição para estudos, aprovação em primeiras fases de concursos ou em concursos de menor nível de dificuldade) com momentos de cansaço, desmotivação e tristeza (problemas familiares, quando os editais não aparecem, há notícias de que a Administração não vai lançar editais em um ano por corte de recursos orçamentários). Os momentos de alternância entre boas e más notícias são normais. E também, nem sempre estamos com disposição total, o tempo inteiro. Mas o candidato precisa saber que problemas podem ocorrer com todos, de alguma forma. O importante é sempre manter o foco (sempre em frente) e o objetivo, que é a aprovação. A obra da aprovação no concurso é complexa, mas é recompensadora. Não há vitória se não houver intensa dedicação.

Um dos riscos disso é só se preparar quando existe um edital. Outro é que, se você estiver se preparando para concurso de Procurador da República, se preparar em cima do edital trará problemas.

Além disso, se você estiver se preparando para o concurso para Procurador da República e for se preparar a cada edital que sair para concurso de Procurador do Trabalho, Procurador Militar, Juiz Federal das 5 regiões, isso pode trazer um grande prejuízo no foco central da preparação. Se a ideia é a preparação para Procurador da República, você terá mais chances se focar e não mudar sua preparação se sair o edital para Procurador do Trabalho, por exemplo. Agora, é fato que muitas vezes jogar todas as fichas em somente um concurso, que possa ter um longo intervalo entre um certame e outro, como concurso para Procurador da República, é um risco de tempo e de perda de motivação. Por isso, também estudar para um concurso mais relacionado, como Promotor de Justiça de Estado ou Juiz Federal pode facilitar sua vida e dar mais ânimo na preparação. Porém, acredito que ter escolhido um concurso como "base" principal é sempre importante, mesmo que eventualmente você busque outros concursos "pesados" nos intervalos.

2.8 ANÁLISE DA BANCA EXAMINADORA

Mais do que em qualquer outro concurso, as provas para o cargo de Procurador da República são provas nas quais são importante conhecer o examinador.

O primeiro motivo é pelo fato de que o MPF tradicionalmente divulga os componentes da banca examinadora, o que confere transparência e publicidade à organização do certame.

O segundo motivo é uma questão de que, em regra, o examinador aplica questões sobre assuntos que mais domina e gosta de comentar e atuar. É uma tendência natural que as pessoas queiram abordar os assuntos com que trabalham no cotidiano, tendo mais intimidade com o tema, e acreditem que estes temas são importantes para avaliar aqueles que ingressam na instituição.

O terceiro motivo é que as provas têm uma forma peculiar de abordagem. Se você for analisar, todas as provas mantêm diferenças entre si na forma de avaliar o enunciado e nos tipos de abordagem. Um examinador gosta mais de letra da lei, outro de jurisprudência. Um examinador aborda somente os casos de competência federal, outro amplia a exigência das questões aplicadas. Quando o examinador se repete, a chance de ser repetido o método de abordagem aumenta bastante.

Esta análise da banca examinadora é sempre feita com um caráter subjetivo. Nada nos garante que o examinador manterá sua forma de abordagem. Nada garante que aquela prova que focou na jurisprudência do STF e STJ no concurso passado, e que terá o mesmo examinador, não terá uma abordagem baseada na letra da lei. Mas percebemos no histórico de concursos do MPF que há certa constância. Assim, a leitura da banca examinadora dos concursos é ponto fundamental dos estudos para o MPF.

O 29º Concurso para Procurador da República (29 CPR), com edital nº 14, divulgado em agosto/2016, apresentou a seguinte composição da Comissão de Concurso:

> "A Comissão de Concurso é assim constituída:
>
> Membros titulares
>
> Doutor **Rodrigo Janot Monteiro de Barros**
>
> Procurador-Geral da República
>
> Presidente;
>
> Doutora **Déborah Macedo Duprat de Britto Pereira**
>
> Subprocuradora-Geral da República;
>
> Doutora **Sandra Verônica Cureau**
>
> Subprocuradora-Geral da República;
>
> Doutor **Mauro Luiz Campbell Marques**
>
> como Jurista;

Representante a ser indicado pelo Conselho Federal da Ordem dos Advogados do Brasil.

> Membros Suplentes
>
> Doutora **Ela Wiecko Volkmer de Castilho**
>
> Subprocuradora-Geral da República;
>
> Doutora **Denise Neves Abade**
>
> Procuradora Regional da República;
>
> Doutor **Walter Claudius Rothemburg**
>
> Procurador Regional da República;
>
> Doutor **Douglas Fischer**
>
> Procurador Regional da República;
>
> Doutor **João Heliofar de Jesus Villar**
>
> Procurador Regional da República;

Representante suplente a ser indicado pelo Conselho Federal da Ordem dos Advogados do Brasil".

Já o 28º Concurso para Procurador da República (28 CPR) trouxe a seguinte composição da Comissão de Concurso:

"O PROCURADOR-GERAL DA REPÚBLICA, no uso de suas atribuições, observado o disposto no art. 25 da Resolução nº 154 do Conselho Superior do Ministério Público Federal, de 4 de novembro de 2014, e tendo em vista a deliberação do CSMPF na 10ª Sessão Ordinária, realizada no dia 2 de dezembro de 2014 (processo nº 1.00.001.000199/2014-14), resolve:

Designar os membros da Comissão de Concursos

Membros Titulares

Doutor **Rodrigo Janot Monteiro de Barros**

Procurador-Geral da República

Presidente;

Doutora **Déborah Macedo Duprat de Britto Pereira**

Subprocuradora-Geral da República;

Doutora **Ela Wiecko Volkmer de Castilho**

Subprocuradora-Geral da República;

Doutor **José Arnaldo da Fonseca**

Jurista;

Doutora **Daniela Rodrigues Teixeira**

Representante indicada pelo Conselho Federal da Ordem dos Advogados do Brasil.

Membros Suplentes

Doutor **Eugênio José Guilherme de Aragão**

Subprocurador-Geral da República;

Doutora **Sandra Verônica Cureau**

Subprocuradora-Geral da República;

Doutora **Denise Neves Abade**

Procuradora Regional da República;

Doutor **Douglas Fischer**
Procurador Regional da República;
Doutor **Nicolao Dino de Castro e Costa Neto**
Procurador Regional da República.

A banca examinadora para concursos do Ministério Público Federal tem alguns parâmetros. Por exemplo, o art. 49, inciso II, da LC nº 75/93 dispõe que é atribuição do **Procurador-Geral da República**, como Chefe do Ministério Público Federal: "II – **integrar, como membro nato**, e presidir o Colégio de Procuradores da República, o Conselho Superior do Ministério Federal e a **Comissão de Concurso**". Mas o fato de o PGR integrar a Comissão de Concurso não impõe a necessidade de ele estar na banca examinadora. Por exemplo, no 28 CPR o PGR Rodrigo Janot, apesar de presidir a comissão, não era examinador.

Além disso, a Constituição Federal em seu art. 129, §3º, prevê a participação de membro da OAB: "o ingresso na carreira do Ministério Público far-se-á mediante concurso público de provas e títulos, assegurada a participação da Ordem dos Advogados do Brasil em sua realização". Necessariamente haverá um membro da OAB indicado para o certame, por previsão constitucional. E este membro da OAB, tradicionalmente, fica com as disciplinas de Direito Econômico e de Direito do Consumidor (como ocorrido nas bancas dos concursos dos 29º, 28º, 27º, 26º e 25º CPR), mas não há impeditivo em resolução para que o próximo possa ser indicado para outra disciplina.

Estes são os parâmetros trazidos pelo concurso.

Os nomes são divulgados e também a distribuição das disciplinas entre os membros da Comissão de Concurso. Mesmo antes da divulgação, enquanto não se tem a garantia de qual examinador fica com qual matéria, são sempre analisadas as tendências, analisando se o examinador ficou responsável por alguma prova no concurso anterior (há grande risco de se repetir) e se ele mantém relação próxima ou é experiente em alguma disciplina específica (é improvável que um autor de um renomado livro e especializado em Direito Penal fique com Direito Civil). Normalmente a tendência é que não haja grandes surpresas nas divisões das matérias e examinadores.

No 29 CPR, a distribuição das disciplinas ficou desta forma (conforme aviso nº 01/2017):

GRUPO I	GRUPO II
Direito Constitucional e Metodologia Jurídica Deborah Macedo Duprat de Britto Pereira	**Direito Administrativo e Direito Ambiental** Walter Claudius Rothenburg
Proteção Internacional dos Direitos Humanos Denise Neves Abade	**Direito Tributário e Direito Financeiro** Mauro Luiz Campbell Marques
Direito Eleitoral João Heliofar de Jesus Villar	**Direito Internacional Público e Privado** Denise Neves Abade

GRUPO III	GRUPO IV
Direito Econômico e Direito do Consumidor Carolina Louzada Petrarca	**Direito Penal** Ela Wiecko Volkmer de Castilho
Direito Civil Sandra Verônica Cureau	**Direito Processual Penal** Douglas Fischer
Direito Processual Civil Sandra Verônica Cureau	

No 28 CPR, a distribuição das disciplinas ficou desta forma (conforme aviso nº 02/2015):

GRUPO I	GRUPO II
Direito Constitucional e Metodologia Jurídica Deborah Macedo Duprat de Britto Pereira	**Direito Administrativo e Direito Ambiental** Walter Claudius Rothenburg
Proteção Internacional dos Direitos Humanos Denise Neves Abade	**Direito Tributário e Direito Financeiro** José Arnaldo da Fonseca
Direito Eleitoral Eugênio José Guilherme de Aragão	**Direito Internacional Público e Privado** Denise Neves Abade

GRUPO III	GRUPO IV
Direito Econômico e Direito do Consumidor Daniela Rodrigues Teixeira	**Direito Penal** Ela Wiecko Volkmer de Castilho
Direito Civil Sandra Verônica Cureau	**Direito Processual Penal** Douglas Fischer
Direito Processual Civil Sandra Verônica Cureau	

Já no 27 CPR, a distribuição das disciplinas ficou desta forma (conforme aviso nº 01/2013):

GRUPO I	GRUPO II
Direito Constitucional e Metodologia Jurídica Deborah Macedo Duprat de Britto Pereira	**Direito Administrativo e Direito Ambiental** Nicolao Dino de Castro e Costa Neto
Proteção Internacional dos Direitos Humanos Eugênio José Guilherme de Aragão	**Direito Tributário e Direito Financeiro** José Arnaldo da Fonseca

GRUPO I	GRUPO II
Direito Eleitoral Roberto Monteiro Gurgel Santos (suplente: Francisco de Assis Vieira Sanseverino)	**Direito Internacional Público e Privado** Eugênio José Guilherme de Aragão

GRUPO III	GRUPO IV
Direito Econômico e Direito do Consumidor Daniela Rodrigues Teixeira	**Direito Penal** Ela Wiecko Volkmer de Castilho
Direito Civil Sandra Verônica Cureau	**Direito Processual Penal** Artur de Brito Gueiros de Souza
Direito Processual Civil Sandra Verônica Cureau	

No 26 CPR, a banca foi assim composta (conforme aviso nº 02/2012):

GRUPO I	GRUPO II
Direito Constitucional e Metodologia Jurídica Deborah Macedo Duprat de Britto Pereira	**Direito Administrativo e Direito Ambiental** Nicolao Dino de Castro e Costa Neto
Proteção Internacional dos Direitos Humanos Eugênio José Guilherme de Aragão	**Direito Tributário e Direito Financeiro** José Arnaldo da Fonseca
Direito Eleitoral Roberto Monteiro Gurgel Santos (suplente: Vitor Hugo Gomes da Cunha)	**Direito Internacional Público e Privado** Eugênio José Guilherme de Aragão

GRUPO III	GRUPO IV
Direito Econômico e Direito do Consumidor Daniela Rodrigues Teixeira	**Direito Penal** Ela Wiecko Volkmer de Castilho
Direito Civil Sandra Verônica Cureau	**Direito Processual Penal** Artur de Brito Gueiros de Souza
Direito Processual Civil Sandra Verônica Cureau	

No 25 CPR, com a divisão ainda antiga das disciplinas por grupos (ainda existia o grupo exclusivo de Internacional e Eleitoral ainda compunha o grupo junto com Penal e Processo Penal), era esta a composição (conforme aviso nº 02/2011):

GRUPO I	GRUPO II
Direito Constitucional e Metodologia Jurídica Deborah Macedo Duprat de Britto Pereira	**Direito Internacional Público** Eugênio José Guilherme de Aragão
Direito Administrativo e Direito Ambiental Nicolao Dino de Castro e Costa Neto	**Direito Internacional Privado** Eugênio José Guilherme de Aragão
Direito Tributário e Direito Financeiro José Arnaldo da Fonseca	**Proteção Internacional dos Direitos Humanos** Eugênio José Guilherme de Aragão

GRUPO III	GRUPO IV
Direito Econômico e Direito do Consumidor Túlio Freitas do Egito Coelho	**Direito Eleitoral** Roberto Monteiro Gurgel Santos (suplente: Vitor Hugo Gomes da Cunha)
Direito Civil Sandra Verônica Cureau	**Direito Penal** Ela Wiecko Volkmer de Castilho

GRUPO III	GRUPO IV
Direito Processual Civil Sandra Verônica Cureau	**Direito Processual Penal** Silvana Batini César Goés

Pode haver modificações no curso do certame, de substituição de membro da banca examinadora, por conta de doença, desistência ou impedimento, como no caso de candidato ser parente do examinador. Mas qualquer mudança é informada através de publicação de edital na página do concurso. Por exemplo, no 29 CPR, Sérgio Arenhart substituiu Sandra Cureau nas provas orais da disciplina de direito processual civil. Já no 28 CPR: a) o Ministro do STJ Mauro Luiz Campbell Marques substituiu o ministro aposentado José Arnaldo da Fonseca por ocasião das provas orais; b) o Procurador Regional da República João Heliofar de Jesus Villar substituiu o Subprocurador-Geral da República Eugênio José Guilherme de Aragão a partir das provas subjetivas; c) Walter Claudius Rothenburg substituiu de início logo Nicolao Dino de Castro, sendo que na divulgação do edital Nicolao Dino estava indicando, mas logo na divisão das disciplinas quem constava na lista era Walter Rothenburg.

No 27 CPR a Procuradora Regional da República Denise Neves Abade ingressou na comissão de concursos em substituição ao então Subprocurador-Geral da República Eugênio José Guilherme de Aragão a partir das provas subjetivas.

Vale ressaltar que todas as mudanças são feitas com publicidade dos nomes, sendo tais alterações disponibilizadas na página de concurso da PGR.

A partir da divulgação da banca examinadora, valem algumas dicas:

a) **verifique se tais examinadores já participaram de bancas anteriores**. Analise detidamente as provas que cada um elaborou, tanto as provas objetivas quanto as subjetivas. Isso trará um grande conhecimento da indicação de como o examinador aplica as provas e exige do seu conhecimento. Mesmo as questões subjetivas serão úteis para o estudo das questões objetivas. Preste atenção também na forma que a prova é elaborada. Com muitas questões de doutrina, se focam na jurisprudência ou se retiram muitos enunciados de letras de lei e súmulas. Toda esta análise será importante para tentar projetar o que ocorrerá na próxima;

b) leia **obras relacionadas ao examinador.** Se o membro da banca já tiver escrito livros sobre a matéria, ótimo. Este livro servirá provavelmente de base de seus estudos, já que devem refletir seu entendimento e suas preferências sobre as matérias. Em um livro, o autor despeja as informações que julga mais importantes e apresenta seu método de raciocínio. E assim é esperado que ocorra também com as provas. Também busque artigos e orientações em bancas de mestrado e doutorado feitas pelo examinador. Estes materiais também vão auxiliar no seu entendimento sobre o membro. Busque também o currículo lattes do examinador, constante na internet, com o histórico acadêmico e profissional dele(a). Fiz bastante esta análise junto com meu grupo de estudo na época, e foi muito produtivo. Não fomos surpreendidos por várias questões, como talvez alguns candidatos tenham sido. Verifique temas que são editados pela Escola Superior do Ministério Público da União (ESMPU), por exemplo, que o membro da banca tenha organizado ou escrito;

c) busque as **ações realizadas pelo membro da banca.** Na internet, certamente serão encontradas muitas notícias sobre atuações judiciais e extrajudiciais de membros da banca, como membros do MPF ou em suas funções respectivas (juristas). Isso trará uma boa impressão de como atua e se posiciona;

d) **verifique qual cargo/função o membro da banca ocupa e em qual foro ele atua**. Para um examinador que seja Procurador Eleitoral junto ao Tribunal Superior Eleitoral, por exemplo, será mais lógico que na prova venham questões da jurisprudência do TSE em detrimento de doutrina (a menos que o autor também seja um autor de obra de direito eleitoral). Uma examinadora de Direito Internacional que tenha recente experiência na Corte Interamericana de Direitos Humanos terá maior tendência de trazer casos novos e recentes desta Corte. Um examinador da disciplina direito constitucional e que tenha uma atenção mais precisa em relação aos direitos de comunidades tradicionais, minorias e grupos étnicos em sua atuação, certamente terá refletido isso em suas questões. O ser humano é produto de suas experiências, e isso é refletido na elaboração das provas.

Com base nas informações que obtiver, poderá direcionar seu estudo para um modo de análise. Tudo isso não significa que as provas serão similares, que o examinador fará a mesma abordagem que já fez em seu livro recente, que levará em consideração sua experiência atual. O ser humano é uma eterna mudança, e pode ser que o membro da banca queira justamente surpreender os candidatos.

Tudo isso são probabilidades baseadas em experiências passadas. As orientações de estudo acima não são uma avaliação matemática, mas as chances de isso acontecer são muito grandes. Isso se chama estudar com foco e atenção no concurso do MPF. Se você estudar desta forma, terá mais chances de obter êxito.

A prova do MPF é um pouco menos focada em jurisprudência do que são as provas para o Judiciário Federal, por exemplo. Ou mesmo do que são as provas elaboradas pelo CESPE/UnB.

Há anos que aparecem novidades na abordagem das provas, e surpreendem candidatos. No 22 CPR, a novidade foi que a disciplina direito eleitoral – que há anos vinha com uma abordagem na letra da lei e da Constituição – passou a exigir jurisprudência atualizadíssima do TSE. Conclusão: um dos menores índices de aprovados para a 2ª fase, somente 98 candidatos foram habilitados. No 23 CPR, uma matéria que "derrubou" muitos candidatos foi direito civil. No 24 CPR, a disciplina de direito constitucional surpreendeu e tirou muitos candidatos do concurso, com uma abordagem do tema totalmente diferente dos concursos anteriores. No 25 CPR, as disciplinas de direito internacional vieram reformular o estudo para o MPF. Quem esperava um Direito Internacional "light" se enganou e ficou reprovado.

2.9 BIBLIOGRAFIA SUGERIDA

A bibliografia para o concurso é um dos pontos fundamentais para o estudo. Mas só há condições mais seguras de passar a bibliografia após a divulgação do novo edital e com a divulgação da banca. Antes, são só conjecturas e possibilidades. Tudo pode mudar, a nova prova pode trazer novidades em relação às matérias e aos examinadores.

Porém, como é necessário ter algo para ler que seja um pouco mais voltado ao MPF, seguem algumas sugestões (sempre com o alerta permanente de que os livros sugeridos são alterados conforme as disciplinas exigidas **E** a banca examinadora):

Direito Constitucional: Para o básico da matéria: Direito Constitucional Esquematizado de Pedro Lenza; Curso de

Direito Constitucional, de Gilmar Ferreira Mendes e Paulo Gustavo Gonet Branco; Curso de Direitos Humanos, de André de Carvalho Ramos (Professor da USP e Procurador Regional da República); Por um constitucionalismo inclusivo, Daniel Sarmento (ex-Procurador Regional da República); Direito Constitucional: teoria, história e métodos de trabalho, de Daniel Sarmento e Cláudio Pereira de Souza Neto; Estatuto do Índio, Edilson Vitorelli (Procurador da República);

Proteção Internacional de Direitos Humanos: Livros do professor da USP e Procurador Regional da República André de Carvalho Ramos: Teoria Geral dos Direitos Humanos na Ordem Internacional e Processo Internacional de Direitos Humanos; Manual Prático de Direitos Humanos Internacionais, da Escola Superior do Ministério Público da União (disponível gratuitamente no site da ESMPU[5]);

Direito Eleitoral: Livro "Direito Eleitoral", do Procurador Regional da República José Jairo Gomes, que já atuou no eleitoral em auxílio à Procuradoria-Geral Eleitoral e também atuou como Procurador Regional Eleitoral e coordena o Grupo Nacional de Atuação Eleitoral, da PGR;

Direito Administrativo: Como leitura principal, o livro de Direito Administrativo de José dos Santos Carvalho Filho. Também é válido o livro "Direito Administrativo Descomplicado", de Vicente Paulo e Marcelo Alexandrino;

Direito Ambiental: Livro de Direito do Ambiente, de Édis Milaré e livro "Leis Especiais para concursos – Direito Ambiental", de Leonardo de Medeiros Garcia e Romeu Thomé. Também pode auxiliar o livro "Direito Ambiental Esquematizado", de Frederico Amado;

5. http://bit.ly/ESMPU-manual-DH

Direito Tributário: "Direito Tributário na Constituição e no STF", de Vicente Paulo e Marcelo Alexandrino e "Direito Tributário Esquematizado", de Ricardo Alexandre;

Direito Financeiro: "Manual de Direito Financeiro", de Harrison Leite.

Direito Internacional Público e Direito Internacional Privado: "Direito Internacional Público e Privado", de Paulo Henrique Gonçalves Portela e "Curso de Direito Internacional Público e Privado", de Valério Mazzuoli. Também sugiro o livro "Direitos fundamentais na cooperação jurídica internacional", da Procuradora Regional da República Denise Neves Abade;

Direito Econômico: "Os fundamentos do antitruste", de Paula Forgioni e parte do livro "Direito Constitucional Positivo", de José Afonso da Silva, no que se refere à ordem econômica, prevista na Constituição Federal;

Direito do Consumidor: "Direito do Consumidor", de Leonardo Medeiros Garcia.

Direito Civil: "Direito Civil", de Carlos Roberto Gonçalves, ou "Direito Civil", de Flávio Tartuce;

Direito Processual Civil: há muitas alternativas, e cada candidato traça a sua estratégia. Eu sugiro o "Curso de Processo Civil", de Luiz Guilherme Marinoni, ou "Curso de Processo Civil", de Freddie Didier Jr.

Direito Penal: "Direito Penal", de Rogério Greco, para estudar a parte geral. "Direito Penal", do Procurador Regional da República Artur Brito Gueiros Souza. E para ler sobre a legislação penal específica, o livro "Crimes Federais", de Rogério Sanches Cunha e Fábio Roque Araújo ou "Crimes Federais", de José Paulo Baltazar Júnior. Vale uma olhada também, principalmente para a segunda fase, nos livros "Garantismo penal integral", dos organizadores Eduardo Pelella, Bruno Calabrich e Douglas Fisher, "A prova no enfrentamento à macrocriminalidade", de Daniel Salgado e Ronaldo Queiroz e "Legislação criminal especial comentada", de Renato Brasileiro de Lima.

Direito Processual Penal: Como leitura básica, há o "Curso de Processo Penal", do ex-Procurador Regional da República Eugênio Pacelli. Também o excelente "Comentários ao Código de Processo Penal e sua Jurisprudência", de Eugênio Pacelli e do Procurador Regional da República Douglas Fischer.

Assim, alerta-se que a leitura dos livros sugeridos deve ser feita para a preparação anterior à divulgação da banca, e que estas leituras não dispensam o estudo das demais formas, como resolução de provas anteriores do MPF, estudo de informativos e súmulas do STF/STJ/TSE, leitura dos enunciados das Câmaras de Coordenação e Revisão do MPF e leitura das letras das leis exigidas no concurso.

2.9.1 Estudo para o MPF antes da divulgação da banca

O estudo da banca examinadora é fundamental.

Porém, o que se faz antes da divulgação da banca? Como são os estudos neste período, até a publicação do edital?

Busque conhecer todas as matérias do edital. Não precisa ser "tudo de tudo" (se puder, ótimo, mas neste momento foque em um conhecimento amplo). Mas também não pode deixar uma matéria "desguarnecida". Não basta ser *expert* em direito penal e processual penal, e deixar de estudar direito civil e do consumidor, por exemplo. Não adianta gabaritar a prova do grupo 4, atuando de forma primorosa, sem conseguir o mínimo em outros grupos. A maioria dos candidatos fica reprovado por não conseguir o mínimo em cada grupo, e não porque não conseguiram o mínimo geral na prova.

GRUPO 1: Direito Constitucional e Metodologia Jurídica/ Proteção Internacional de Direitos Humanos/Direito Eleitoral

GRUPO 2: Direito Administrativo e Direito Ambiental/ Direito Tributário e Direito Financeiro/ Direito Internacional Público e Direito Internacional Privado

GRUPO 3: Direito Econômico e Direito do Consumidor/ Direito Civil e Direito Processual Civil

GRUPO 4: Direito Penal/ Direito Processual Penal

Com base nestes grupos, analise o que você precisa estudar melhor antes de sair o edital. Veja se sua preparação não está dedicada somente a alguns grupos. Não adianta pensar "não gosto de tributário/ não gosto de internacional" e deixar estas ou outras matérias sem estudar. É muito difícil "compensar" a sua falta de estudo dentro de um grupo, até porque em poucas questões se faz a diferença. Além disso, quando um candidato não estuda bem uma matéria, vai errar questões "fáceis", aquelas que qualquer um com pouca preparação acertaria. Daí, o candidato vai ter que se "compensar" com outras questões difíceis, o que torna a vida ainda mais complicada.

Meu ponto fraco nos estudos eram as disciplinas de direito tributário, financeiro e econômico. Mas chegando perto, resolvi que ia parar para estudar estas matérias bem. Não queria correr o risco de perder questões fáceis. Lembre-se que no final sua aprovação pode ser decidida por uma ou duas questões. Muitos candidatos conseguem (ou não) o mínimo por esta margem de diferença. E estas disciplinas serão decisivas para isso.

Porém, é claro que o estudo mais pesado, com mais tempo e dedicação em sua preparação, deve ser direcionado às matérias-chave do concurso, que são Direito Penal, Direito Processual Penal, Direito Constitucional, Direitos Humanos, Direito Eleitoral, Direito Processual Civil, Direito Civil e Direito Internacional Público. Estas matérias corresponderam a mais de 70% das questões exigidas no 28 CPR, por exemplo.

2.9.2 Conhecendo o "Santo Graal"

O Santo Graal é uma expressão medieval que designa normalmente o cálice usado por Jesus Cristo na Última Ceia, e onde, na literatura, José de Arimateia colheu o sangue de Jesus durante a crucificação. Seria, então, o cálice sagrado.

Não é o estudo bíblico que é necessário para a aprovação no MPF.

Independente de sua religião ou crença, a leitura do nosso Santo Graal é importante para o estudo para o MPF.

O Santo Graal do MPF é uma obra coletiva dos grupos de estudo para o MPF, elaborada e atualizada pelos candidatos que são aprovados à prova oral do MPF. Ou seja, elaboradores da mais alta qualidade e expertise em concurso do MPF.

Não diria que é indispensável, pois há várias formas de estudo e estratégias traçadas. Há muitos Procuradores aprovados sem estudar pelo material, nem mesmo conhecê-lo. Já há outros que se basearam em seu estudo desde a primeira fase. De qualquer forma, certamente o Santo Graal do MPF ajuda bastante.

O objetivo do Santo Graal do MPF é abordar, ponto a ponto, todos os itens do edital do MPF, facilitando o estudo para a prova oral.[6]

O Santo Graal do MPF visa tentar organizar, de forma a facilitar o estudo, todos os pontos do edital do MPF, que é

6. O Santo Graal do MPF do 29 CPR está disponível em http://bit.ly/graal29cpr

elaborado de forma dispersa (em cada grupo há pontos que não guardam relação entre si).

Há candidatos que utilizam o Santo Graal desde a primeira fase. Outros só na segunda fase. Eu recomendaria o Santo Graal para se ter como mais uma opção de estudos e tirar dúvidas para a primeira e segunda fases do MPF. É um material de obra coletiva e atualizado todo ano, que pode servir muito bem para preencher algumas lacunas dos estudos, já que traz, de forma condensada e objetiva, várias discussões bem específicas ao MPF. Porém, não deve servir de base de estudo para a primeira ou segunda fase (na segunda fase, pode ser uma espécie de orientação).

Já para a prova oral, a situação é diferente. O Santo Graal do MPF pode servir muito bem como base de estudo. Como o candidato já acumulou bastante conhecimento de fontes diversas nas primeira e segunda fases, e como a prova oral tem uma dinâmica diferente, na qual é importante ter uma boa e precisa resposta na ponta da língua de cada um dos itens e deve saber explicar e fundamentar verbalmente aquela opinião, o Santo Graal do MPF é uma fonte muito importante.

3

ORGANIZAÇÃO, VIAGENS, TRANSPORTE E HOTEL

Quem está se preparando para vários concursos públicos com provas em diversos Estados, precisa ficar de olho nos preços das passagens, hotéis e conhecer a organização.

Há grande vantagem para os candidatos que realizam prova do MPF, que é a possibilidade de fazer a prova objetiva em todas as capitais do país e também em todas as unidades do MPF, denominadas PRMs (Procuradoria da República no Município), o que facilita o acesso para o candidato, já que as PRMs estão espalhadas em centenas de municípios brasileiros, presentes nas principais cidades-polo.

Com a aprovação para a segunda fase, a realização das provas subjetivas são realizadas somente na capital do Estado em que o candidato se inscreveu, durante 4 dias. Ainda assim, fica bem mais fácil o acesso e menor o gasto de transporte e estadia. Se o candidato não morar na capital do Estado, importante sempre chegar com pelo menos um dia inteiro de antecedência, ficar tranquilo, se adaptar ao clima e às condições da cidade, verificar com antecedência como chegar ao local de prova. Se possível, reservar sua estadia em um hotel perto da prova, para facilitar o acesso e diminuir o risco de trânsito ou qualquer outro imprevisto no caminho da prova.

Quando o candidato é aprovado para a prova oral, e está entre os poucos privilegiados a alcançar esta tão difícil fase do concurso, na qual pouquíssimos são reprovados, o candidato deve apostar todas as suas fichas, economias e tempo de estudo para se preparar da melhor forma para o dia da prova oral.

A prova oral é realizada em Brasília, capital federal. Por isso, importante também o candidato, logo que souber de sua aprovação para a fase oral, reservar logo seu hotel e as passagens aéreas. Se puder chegar com mais de um dia inteiro de antecedência, melhor ainda, que servirá ao candidato para se adaptar ao clima e às condições de Brasília.

Brasília é uma cidade muito organizada. Porém, tem um clima peculiar, considerado tropical de altitude, com um verão úmido e chuvoso e um inverno seco e relativamente frio.

Entre os meses de **outubro a maio**, a umidade relativa do ar é muito boa (com mais de 70%). Já no **inverno**, entre os meses de junho e setembro, a temperatura diminui e a umidade relativa do ar também, podendo chegar a até 10%.

Se a prova oral for neste período de inverno, por exemplo, e, principalmente se o candidato não estiver acostumado com este tipo de clima, pode sentir sintomas como dor de cabeça, nariz ressecado (que pode causar sangramento nasal), olhos vermelhos e secos, crises de falta de ar (rinite, bronquite, laringite). Desta forma, sugiro que se o candidato for à prova oral neste período do ano possa ir a um médico antes para obter informações sobre a melhor forma de prevenir tais sintomas, principalmente se nunca tiver presenciado esta baixa umidade em sua cidade.

Para algumas pessoas esta baixa umidade pode não causar nenhuma mudança, somente um pequeno desconforto. Mas para outras, esta mudança pode ser decisiva no desencadeamento de algum problema respiratório. Assim, importante saber que cada pessoa reage de uma forma e estar preparado.

O momento da prova é único e tudo precisa funcionar normalmente. E o candidato preparado certamente estará muito mais seguro para qualquer mudança de condição climática.

Sobre os hotéis em Brasília, sempre importante o candidato reservar antes também. Além de conseguir um preço melhor, não corre o risco de conseguir somente hotéis muito distantes ou mesmo ter que sair correndo atrás de vaga. Brasília é uma cidade com muitos eventos grandiosos, que reúnem pessoas de vários locais do país. E há momentos em que coincidem vários destes eventos, daí surge uma maior dificuldade de reservar hotéis. Assim, um bom planejamento é sempre bem-vindo.

Se o candidato estiver se organizando para mais de um concurso com provas em vários Estados, a situação de viagens e hotéis é ainda mais delicada e precisa ser mais bem organizada.

Se for este o caso, deve-se organizar um calendário. Isso pode ser feito a partir de um aplicativo no celular, de uma folha na sua mesa de estudos, em um mural.

Desta forma, colocar todos os concursos com as respectivas datas, indicando:

a) nome do concurso;

b) data;

c) local;

d) se a inscrição já foi paga;

e) passagens;

f) hospedagem.

Se tudo isso tiver sido feito, trará maior tranquilidade e segurança ao candidato, evitando qualquer imprevisto em cima da hora.

4

INSCRIÇÃO PRELIMINAR, PROVA OBJETIVA

4.1 NÚMEROS E DADOS SOBRE OS CANDIDATOS

Como já exposto, o foco no concurso de Procurador da República é importante. Ter o edital do concurso como base trará maior chance de aprovação e de que seu planejamento torne-se real.

Porém, sabemos das dificuldades de se esperar somente um concurso. E também sabemos que o concurso do MPF não tem uma periodicidade bem definida. Em alguns períodos, há concurso todo ano, um atrás do outro (como ocorreu entre o 26 e o 29 CPR). Em outros períodos, há demora de até 3 anos para sair um edital (intervalo entre o 24 e o 25 CPR). Neste caso, depender de somente um concurso pode ser desmotivante. Há também a demora dentro de um mesmo concurso, como no 29 CPR, que começou em 2016 e só teve os aprovados nas primeiras colocações tomando posse em 2019, atraso decorrente de necessidade de ajustes editalícios por decisão judicial, para atendimento à lei de cotas raciais.

Neste sentido, abre-se a possibilidade de se estudar para outros concursos jurídicos. Há diversas outras carreiras, cada uma com sua peculiaridade, seus impedimentos, dificuldades, benefícios e prerrogativas. Há também carreiras mais "similares" ao MPF. Nas áreas estaduais, há concurso para Promotor de Justiça. Na área federal, há concurso para Magistratura Federal. Só nestas, que são mais "similares" ao Procurador da República, há pelo menos 27 possibilidades para Promotor, uma para cada unidade da federação. E para Juiz Federal há 5, uma para cada região federal.

Buscar um outro cargo, como Procurador do Trabalho, obrigará o candidato a uma virada dos estudos de 180°, já que a carga de estudos de direito e processo do trabalho é muito pesado e totalmente desnecessária para o MPF. Isso pode trazer um prejuízo grande.

Assim, se for para sair do foco do planejamento para o MPF, que seja para uma carreira mais afim de Procurador da República. Desta forma, abrirão dezenas de chances em vários Estados, e isso implicará necessidade de mudança de edital para estudo e também gastos de tempo e dinheiro para bancar as inscrições e viagens pelo país, além de doutrina específica.

Sobre a natureza e a dificuldade dos concursos, vale ressalvar que a média de candidatos em concursos anteriores à discussão da exigência dos 3 anos para exercício de atividade jurídica (art. 129, §3°, Constituição Federal, alterado pela Emenda Constitucional n° 45/2004, conhecida como emenda da "Reforma do Judiciário"), quando muitos candidatos recém-formados concorriam era bem maior, cerca de 12 mil. A restrição diminuiu o número. Além disso, a própria natureza do concurso e sua dificuldade afastam muitas pessoas que seriam "aventureiras".

De qualquer forma, reitero que uma das melhores atividades no início da preparação para o concurso – mesmo que você não se ache "pronto" – é se submeter a uma das provas, que testa o estudante e mostra a realidade de como funciona um concurso de Procurador.

Para se ter uma ideia, seguem os números de candidatos inscritos nos últimos concursos:

29º Concurso: 13.770 candidatos (Edital lançado em 2016)

28º Concurso: 7.718 candidatos (Edital lançado em 2015)

27º Concurso: 6.831 candidatos (Edital lançado em 2013)

26º Concurso: 6.880 candidatos (Edital lançado em 2011)

25º Concurso: 9.505 candidatos (Edital lançado em 2011)

Observa-se que no último concurso houve um número expressivo de candidatos, praticamente o dobro das últimas edições. Isso pode refletir o aumento de bacharéis em Direito no país, o constante aumento na procura de concursos públicos, mas creio que principalmente pela visibilidade para a sociedade que o MPF conquistou nos últimos anos, atuando em grandes casos de combate à corrupção, especialmente na Operação Lava Jato, que começou em 2014 e vem se consolidando a cada ano.

O Ministério Público Federal ainda tem outra característica com relação aos aprovados. Ao longo dos anos, as mulheres obtêm cerca de 30% das aprovações. Atualmente (dados oficiais de 2016), são 337 mulheres e 807 homens.

Evidentemente, não há nenhuma questão que diferencie as mulheres de homens para aprovação nas provas de concurso. Em outros concursos, inclusive, como na Magistratura de Trabalho e Estaduais, muitas vezes há bem mais mulheres que homens aprovados, até mesmo na carreira federal mais similar, que seria a Magistratura Federal.

No MPF há algumas questões de lotação (em geral, as lotações iniciais são longe dos grandes centros do país) e questões familiares e, talvez, de suposto "perfil", talvez por algumas candidatas pensarem que o perfil de um Procurador da República como mais voltado à área criminal. Este assunto é debatido no MPF em comissão específica para discutir o assunto. Para esclarecer alguns pontos, trago opinião da Subprocuradora-Geral da República Ela Wiecko de Castilho, publicada no blog da Associação Nacional dos Procuradores da República – ANPR:

> "Somos 318 mulheres e 767 homens no Ministério Público Federal. Correspondemos a cerca de 30% do total dos membros. Somos, portanto, minoria numa instituição que defende a sociedade brasileira na qual as mulheres somam mais do que 50% da população.
>
> Essa situação vem de longe e não vai mudar se não forem adotados mecanismos para aumentar o número de inscrições de mulheres nos concursos de ingresso na carreira.
>
> Resolução do 30º Congresso das Nações Unidas sobre Prevenção do Crime e Justiça Criminal, realizado em Doha, em abril de 2015, destacou quatro diretrizes que demonstram preocupação com a implementação de uma perspectiva de gênero.
>
> A primeira diz respeito a integrar a perspectiva de gênero nos sistemas de justiça criminal e implementação de estratégias nacionais e planos para promover a completa proteção de mulheres de todos atos de violência.
>
> Relembra as obrigações dos Estados Partes decorrentes da Convenção para Eliminação de todas as Formas de Discriminação contra Mulheres e de seu Protocolo Facultativo, bem como a Resolução da Assembleia Geral das Nações Unidas nº 65/228 – Modelos de Estratégias e Medidas Práticas para a eliminação da violência contra as mulheres no campo da prevenção do crime e da justiça criminal.
>
> A segunda, a promover medidas específicas na perspectiva de gênero como parte das políticas de prevenção do crime, da justiça criminal e do tratamento de infratores, levando em consideração as Regras da ONU para o Tratamento de Mulheres Prisioneiras e Medidas Não Custodiais para Mulheres Infratoras.
>
> As duas outras focam a participação de mulheres nos sistemas de justiça.

> Primeiro, desenvolver e implementar estratégias e planos apropriados e efetivos para o avanço das mulheres nos níveis de direção, gerência e outros níveis nos sistemas de justiça criminal e instituições.
>
> Segundo, assegurar igualdade de todas as pessoas perante a lei, incluindo igualdade de gênero para pessoas pertencentes a grupos minoritários e povos indígenas. Sugere o recrutamento pelas instituições da justiça criminal de pessoas pertencentes a esses grupos.
>
> Incorporar a perspectiva de gênero no sistema de justiça é uma tarefa exigente. Implica a reformulação da linguagem utilizada, implica pensar como qualquer decisão vai afetar as mulheres, implica a presença de mulheres e o exercício de poder por elas no sistema de justiça.
>
> Voltando às mulheres procuradoras da República, quero dizer por fim que, além da preocupação antes externada, tenho a esperança e a certeza de que elas saberão provocar mudanças nas relações de gênero na instituição, assegurando a igualdade de oportunidades e de responsabilidades entre homens e mulheres na vida profissional e pessoal." (http://bit.ly/concursoMPF-genero)

Toda esta questão se reflete nos números recentes de candidatos aprovados, sendo a maioria do sexo masculino:

29° Concurso: 15 mulheres, 32 homens

28° Concurso: 21 mulheres, 54 homens

27° Concurso: 17 mulheres, 54 homens

26° Concurso: 27 mulheres, 62 homens

25° Concurso: 18 mulheres, 53 homens

Em estudo da Secretaria de Gestão de Pessoas da PGR em março de 2019, são apresentados os dados detalhados dos membros do MPF. O quadro 1 indica a divisão por faixa etária. O quadro 2, por estado civil.

QUADRO 1

Faixa Etária	Mulheres						Homens						Total	
	Brancas	Pretas	Pardas	Amarelas	Indígenas	Não inf.	Brancos	Pretos	Pardos	Amarelos	Indígenas	Não inf.	Mulheres	Homens
24 anos	0	0	0	0	0	0	0	0	0	0	0	0	0	0
25 a 29 anos	6	0	0	0	0	0	4	0	3	0	0	0	6	7
30 a 39 anos	86	0	17	1	0	4	203	3	43	1	1	9	108	260
40 a 49 anos	106	0	4	0	0	3	194	11	32	5	0	7	113	249
50 a 59 anos	13	0	0	1	0	0	57	1	6	1	0	3	14	68
60 anos ou mais	3	0	0	0	0	1	5	1	0	0	0	0	4	6
Total	**214**	**0**	**21**	**2**	**0**	**8**	**463**	**16**	**84**	**7**	**1**	**19**	**245**	**590**

MEMBROS PRR

Faixa Etária	Mulheres						Homens						Total	
	Brancas	Pretas	Pardas	Amarelas	Indígenas	Não inf.	Brancos	Pretos	Pardos	Amarelos	Indígenas	Não inf.	Mulheres	Homens
24 anos	0	0	0	0	0	0	0	0	0	0	0	0	0	0
25 a 29 anos	0	0	0	0	0	0	0	0	0	0	0	0	0	0
30 a 39 anos		0	0	0	0	0	1	0	0	0	0	0	0	1
40 a 49 anos	18	0	1	1	0	1	44	0	1	0	0	2	21	47
50 a 59 anos	28	1	2	1	0	0	61	4	11	1	0	9	32	86
60 anos ou mais	9	0	1	0	0	2	18	0	4	0	0	7	12	29
Total	**55**	**1**	**4**	**2**	**0**	**3**	**124**	**4**	**16**	**1**	**0**	**18**	**65**	**163**

MEMBROS SUB

Faixa Etária	Mulheres						Homens						Total	
	Brancas	Pretas	Pardas	Amarelas	Indígenas	Não inf.	Brancos	Pretos	Pardos	Amarelos	Indígenas	Não inf.	Mulheres	Homens
24 anos	0	0	0	0	0	0	0	0	0	0	0	0	0	0
25 a 29 anos	0	0	0	0	0	0	0	0	0	0	0	0	0	0
30 a 39 anos	0	0	0	0	0	0	0	0	0	0	0	0	0	0
40 a 49 anos	0	0	0	0	0	0	0	0	0	0	0	0	0	0
50 a 59 anos	5	0	0	1	0	0	19	0	1	0	0	2	6	22
60 anos ou mais	13	0	1	0	0	3	25	0	1	0	0	2	17	28
Total	**18**	**0**	**1**	**1**	**0**	**3**	**44**	**0**	**2**	**0**	**0**	**4**	**23**	**50**

QUADRO 2

MEMBRO PROC

Estado civil	Mulheres						Homens						Total	
	Brancas	Pretas	Pardas	Amarelas	Indígenas	Não inf.	Brancos	Pretos	Pardos	Amarelos	Indígenas	Não inf.	Mulheres	Homens
Solteira(o)	63	0	6	2	0	2	135	2	21	1	1	6	**73**	**166**
Casada(o)	118	0	13	0	0	4	289	11	52	6	0	12	**135**	**370**
União Estável	0	0	0	0	0	0	0	0	0	0	0	0	**0**	**0**
Viúva(o)	0	0	0	0	0	0	0	1	0	0	0	0	**0**	**1**
Separada(o)/ Divorciada(o)	16	0	0	0	0	1	15	0	6	0	0	0	**17**	**21**
Informação ignorada ou não respondida	17	0	2	0	0	1	24	1	6	0	0	1	**20**	**32**
Total	**214**	**0**	**21**	**2**	**0**	**8**	**463**	**15**	**85**	**7**	**1**	**19**	**245**	**590**

MEMBRO PER

Estado civil	Mulheres						Homens						Total	
	Brancas	Pretas	Pardas	Amarelas	Indígenas	Não inf.	Brancos	Pretos	Pardos	Amarelos	Indígenas	Não inf.	Mulheres	Homens
Solteira(o)	12	0	0	1	0	0	22	1	2	1	0	6	**13**	**32**
Casada(o)	33	1	3	1	0	0	93	3	13	0	0	11	**38**	**120**
União Estável	0	0	0	0	0	0	0	0	0	0	0	0	**0**	**0**
Viúva(o)	2	0	0	0	0	0	0	0	0	0	0	0	**2**	**0**
Separada(o)/ Divorciada(o)	6	0	1	0	0	3	7	0	1	0	0	1	**10**	**9**
Informação ignorada ou não respondida	2	0	0	0	0	0	2	0	0	0	0	0	**2**	**2**
Total	**55**	**1**	**4**	**2**	**0**	**3**	**124**	**4**	**16**	**1**	**0**	**18**	**65**	**163**

MEMBRO SUB

Estado civil	Mulheres						Homens						Total	
	Brancas	Pretas	Pardas	Amarelas	Indígenas	Não inf.	Brancos	Pretos	Pardos	Amarelos	Indígenas	Não inf.	Mulheres	Homens
Solteira(o)	3	0	0	0	0	0	4	0	0	0	0	0	3	4
Casada(o)	9	0	0	1	0	1	29	0	1	0	0	4	11	34
União Estável	0	0	0	0	0	0	0	0	0	0	0	0	0	0
Viúva(o)	1	0	0	0	0	0	1	0	0	0	0	0	1	1
Separada(o)/ Divorciada(o)	3	0	1	0	0	2	8	0	0	0	0	0	6	8
Informação ignorada ou não respondida	2	0	0	0	0	0	2	0	1	0	0	0	2	3
Total	18	0	1	1	0	3	44	0	2	0	0	4	23	50

Desta forma esclarece Ela Wiecko:

"Observa-se, analisando o quadro anexo, que nos últimos 11 concursos (18° concurso/2001 ao 28° concurso/2014) a média do número de inscrições de homens e mulheres foi de 10.191 e de aprovações 71 (0,75%). As mulheres representam 43,32% da média de inscrições, e os homens 56,68%. Com relação à média de aprovações, as mulheres representam 29,31% e os homens 70,69%.

Em média, 0,94% dos homens inscritos foram aprovados. Com relação às mulheres, a média esteve em 0,21%. A diferença entre os percentuais de aprovações, por sexo, esteve na média de 0,45%.".

O texto completo está na Revista Eletrônica Omnes, da ANPR – Associação Nacional dos Procuradores da República[1].

Assim, para todas as candidatas e candidatos que buscam aprovação no MPF, deixo a mensagem que as chances são claramente iguais e que a casa está aberta para mulheres e homens, com vários assuntos e matérias para atuação, e que a discussão da questão do gênero no MPF é uma discussão efetiva e que está ganhando muita força nos últimos anos, e certamente com uma casa que busque representar verdadeiramente o gênero na sociedade – hoje, mais de 50% são mulheres no Brasil – é que o MPF poderá avançar em vários debates sociais e jurídicos com mais representatividade e qualidade.

4.2 INSCRIÇÃO PRELIMINAR

Em regra, a inscrição de um concurso público se limita a acessar o site da empresa organizadora, preencher as informações, imprimir o boleto e realizar o pagamento. Isso já seria o suficiente.

1. http://bit.ly/elawiecko-texto

Porém, no concurso para Procurador da República – como costuma ser em outros concursos para membros do Ministério Público e Magistratura – há a fase da inscrição preliminar, e já nesta fase são exigidos vários documentos. Conforme o edital do 29° concurso para o MPF, trazendo disposições que se repetem ao longo dos concursos, temos o seguinte:

> "A inscrição preliminar será realizada exclusivamente, após o pagamento da taxa de inscrição, nas Procuradorias da República localizadas nas capitais dos Estados e no Distrito Federal e também nas Procuradorias da República nos Municípios relacionadas no Anexo III, devendo o(a) candidato(a):
>
> I – acessar o endereço eletrônico http://www.mpf.mp.br/concursos/concursos/procuradores, preencher o formulário de pré-inscrição, confirmar o envio do mencionado formulário e imprimir a guia de recolhimento (GRU) do valor da taxa;
>
> II – pagar a taxa de inscrição (GRU) nas agências do Banco do Brasil."

Após realizar a pré-inscrição via *internet* e pagar a taxa, o candidato deve dentro do prazo estabelecido no edital, dirigir-se a uma das Procuradorias da República indicadas no edital para finalizar o processo de inscrição, portando os seguintes documentos:

a) comprovante original do pagamento da taxa de inscrição, realizado exclusivamente no Banco do Brasil. A guia de recolhimento da União – GRU Simples (no edital para o 29° Concurso o valor foi de R$ 250,00), que deverá ser impressa no site da PGR, após o preenchimento do formulário de pré-inscrição, com dados pré-estabelecidos;

b) cópia da carteira de identidade, acompanhada do original para conferência;

c) cópia do cartão de inscrição no Cadastro Nacional Pessoa Física – CPF, acompanhada do original para conferência;

d) instrumento de procuração, quando for o caso, com a especificação de poderes para promover a inscrição, além de declaração firmada pelo candidato;

e) duas fotografias iguais, tamanho 3 x 4, tiradas nos últimos 90 (noventa) dias;

f) laudo médico, quando for o caso, para os candidatos com deficiência.

Ademais, o edital já indica que quando o candidato preencher o formulário, firmará declaração, sob as penas da lei (ou seja, se fizer declaração falsa pode ser responsabilizado criminalmente – art. 299, Código Penal – falsidade ideológica): (**1**) de que é bacharel em Direito e de que atenderá, até a data da posse, à exigência de 3 (três) anos de atividade jurídica exercida exclusivamente após a obtenção do grau de bacharel em Direito (CF, art. 129, § 3º); (**2**) de estar ciente de que a não apresentação do respectivo diploma, devidamente registrado pelo Ministério da Educação, no ato da inscrição definitiva, acarretará a sua exclusão do processo seletivo; e (**3**) de que aceita as demais regras e condições pertinentes ao concurso, consignadas no seu regulamento e neste edital, das quais não poderá alegar desconhecimento.

O edital prevê a possibilidade do candidato ser dispensado do pagamento da taxa de inscrição, se o pedido for formulado até 15 dias antes do término do prazo das inscrições e comprove que não tem condições de arcar com tal ônus, devendo apresentar, inclusive, a inscrição no Cadastro Único para Programas Sociais do Governo Federal (CadÚnico), de que trata o Decreto nº 6.135/2007.

Assim, o edital exige a presença do candidato para fazer a inscrição preliminar. A vantagem é que em todas as capitais e grandes cidades do país há uma unidade do MPF apta a receber a inscrição preliminar. Assim, o pleiteante ao cargo não terá tantos custos. Se estiver em uma cidade menor, poderá constituir um procurador com a especificação de poderes para promover a inscrição. Desta forma, resolve-se eventual dificuldade do candidato se dirigir a uma unidade do MPF.

O prazo para inscrição no concurso é tradicionalmente de 30 (trinta) dias, o que está em conformidade com o art. 190 da Lei Complementar nº 75/93, que estipula que o prazo é de no mínimo 30 (trinta) dias.

Estando tudo certo nesta primeira etapa, o candidato já pode continuar sua preparação para encarar a prova objetiva.

4.3 PROVA OBJETIVA

Grupo 1

Direito Constitucional e Metodologia Jurídica

Proteção Internacional dos Direitos Humanos

Direito Eleitoral

Grupo 2

Direito Administrativo e Direito Ambiental

Direito Tributário e Direito Financeiro

Direito Internacional Público e Direito Internacional Privado

Grupo 3

Direito Econômico e Direito do Consumidor

Direito Civil

Direito Processual Civil

Grupo 4

Direito Penal

Direito Processual Penal

As disciplinas já se alteraram nos últimos anos. Houve a inserção das matérias de Direito Internacional Público e Privado e Proteção Internacional dos Direitos Humanos, trazendo a perspectiva internacionalista para o concurso do MPF, o que foi bastante importante para uma melhor preparação dos candidatos para a carreira, mas certamente trouxe uma dificuldade maior na preparação. Porém, como a dificuldade é para todos, mantém-se a isonomia na preparação e nos obstáculos enfrentados.

As matérias Direito Internacional Público e Privado e Proteção Internacional dos Direitos Humanos foram incluídas no 25º Concurso. Inicialmente, formavam um grupo exclusivo, o que dava um peso muito forte para as disciplinas no MPF, tão grande como se fosse um concurso para a diplomacia. Assim, quem não conseguisse alcançar o mínimo no grupo, ficava de fora. Já no 26º Concurso, as disciplinas de internacional foram espalhadas pclos grupos, mantendo a estrutura atual.

O concurso prevê que:

a) será eliminado o candidato que não obtiver em cada grupo de disciplinas em que dividida a prova objetiva, nota mínima de 50 (cinquenta) pontos, na escala de 0 (zero) a 100 (cem); e

b) prosseguem no concurso os 200 (duzentos) candidatos que obtiverem as maiores notas (excluídos deste limite os inscritos como candidatos com deficiência e os beneficiados por decisão judicial não relacionada à inscrição preliminar).

Ou seja, não basta acertar a metade das questões em cada grupo, o candidato deve ter nota entre as 200 melhores (cláusula de barreira), o que indica que a nota de corte para ser aprovado à segunda fase vai depender do nível de dificuldade da prova e do nível dos candidatos daquele certame.

A prova objetiva é o verdadeiro crivo do concurso. Como visto acima, nos concursos se inscrevem cerca de 9.000 candidatos. No 29 CPR, aumentou para 13.770 concorrentes. Ainda que contemos com uma abstenção de 20%, por exemplo, ainda ficam de 7 a 10 mil candidatos. Destes, somente 200 irão para a segunda fase, considerando a cláusula de barreira constante no concurso – e mais alguns empatados na classificação final e os candidatos com deficiência, subindo o número para 215, por exemplo.

Assim, a estratégia primeira será passar pelo crivo das 120 questões objetivas, 16 disciplinas, divididas em 4 grupos e com somente 5 horas para todas as questões serem resolvidas e com as respostas preenchidas no cartão-resposta.

Por isso recomendo que o estudo forte seja para a prova objetiva. Não adianta nada se preparar tanto para a parte subjetiva e oral, se o crivo primeiro e maior é a objetiva, que mantém só um pouco mais de 2% dos candidatos inscritos inicialmente. É este o primeiro obstáculo enfrentado.

Esta era a minha maior preocupação nos estudos. A preparação forte para a prova objetiva e conseguir ultrapassar este primeiro crivo. Assim, não adianta estudar muitos artigos e textos muito densos na primeira fase, aprofundando o estudo e se preparando também para a segunda fase, quando há uma prova objetiva que exclui a maior parte dos candidatos.

Nas provas objetivas, há o desconto de uma questão certa para cada 4 questões erradas.

Nas questões há 4 alternativas. Mas o candidato pode não marcar nenhuma delas e preencher no cartão-resposta a "alternativa E", não ganhando ponto mas também não perdendo, conforme Resolução do Concurso:

a) cada questão terá 4 (quatro) alternativas de resposta, a que se acrescentará, exclusivamente na folha de respostas, uma quinta alternativa, destinada à manifestação do candidato, necessária e obrigatória, de que desconhece a alternativa correta. Não assinalada a quinta alternativa, a questão deixada sem resposta ou marcada com mais de uma opção – incluindo ou não a quinta alternativa – equivalerá à questão com resposta errada para o fim do desconto previsto no parágrafo seguinte.

b) Na correção da prova objetiva, as questões terão o mesmo valor, descontando-se o valor de uma resposta certa para cada conjunto de 4 (quatro) respostas erradas, em cada parte da prova.

As provas objetivas não permitem:

a) a consulta à legislação, súmulas e jurisprudência, anotações ou quaisquer comentários;

b) substituição de cartão de resposta em caso de rasura ou qualquer outro motivo (salvo erro material em sua confecção);

c) utilização de líquido corretor de texto e borracha no cartão resposta;

d) o uso de óculos escuros e protetores auriculares, salvo expressa determinação médica, após apreciação da Comissão Especial de Avaliação, chapéu, boné, gorro ou qualquer acessório de chapelaria, além de relógio digital;

e) ingresso ao local das provas portando arma e/ou munição, sendo a guarda da arma e/ou da munição, em local externo ao da realização das provas, de responsabilidade do candidato;

f) substituição da folha de respostas, por isso o candidato não deve amassar, sujar ou dobrar a folha de respostas;

g) ultrapassar o prazo estabelecido para resolução e preenchimento da folha de respostas. Ao final do tempo estabelecido para a duração da prova, serão imediatamente recolhidas todas as folhas de respostas, ainda que parcialmente preenchidas;

Após a prova objetiva, o Procurador-Geral da República terá 15 dias para a divulgação do gabarito oficial preliminar. E também divulgará o quadro de alternativas assinaladas pelo candidato na folha de resposta apurado na leitura ótica. O candidato terá acesso à informação pessoal na página da PGR, através de senha entregue no momento da inscrição preliminar.

A partir daí, os candidatos têm 3 dias para apresentar recurso do gabarito preliminar, arguindo nulidade de questões por deficiência na sua elaboração, a incorreção das alternativas apontadas como acertadas e quaisquer divergências entre as alternativas indicadas na folha de respostas e aquelas constantes do quadro apurado na leitura ótica.

Após a apreciação dos recursos pela Comissão de Concurso, o Procurador-Geral da República publicará o gabarito oficial definitivo com as modificações decorrentes do eventual acolhimento de impugnações, bem como o resultado da prova objetiva, com a relação dos candidatos classificados. Se houver uma anulação de questão, por exemplo, será atribuída pontuação da questão a todos os candidatos.

A divulgação dos candidatos classificados levará em conta quem conseguiu 50% em cada grupo e ficou entre os 200 melhores candidatos pela cláusula de barreira. São estes o que superarão a primeira fase e poderão se preparar para a prova discursiva.

5

APROVADO PARA AS PROVAS SUBJETIVAS (segunda fase)

5.1 PROVA DISCURSIVA

Após a aprovação na prova objetiva, os candidatos serão convocados para a prova subjetiva, com aviso pelo site de concursos da PGR, informando o local e os dias das provas aplicadas. Nesta segunda fase, as provas somente serão aplicadas nas capitais dos Estados. Assim, quem fez a primeira fase em uma unidade do interior e foi aprovado, fará necessariamente a segunda fase na capital daquele Estado.

Conforme a Resolução nº 169/2016, do 29º CPR, há uma prova para um dos 4 grupos de disciplinas. As provas serão realizadas em 4 dias consecutivos, com a duração de 4 horas para cada prova. Ou seja, serão 4 dias cansativos e uma preparação para elas é fundamental, o que falaremos depois.

Cada uma das 4 provas subjetivas serão divididas em duas partes:

A primeira parte vale 40 pontos, e consiste em redação de texto em uma das seguintes hipóteses:

a) ato de instauração de ação cível ou penal;

b) parecer, recurso ou peça aplicável a procedimento judicial; e

c) dissertação sobre instituto jurídico correlato a uma ou mais disciplinas de um mesmo grupo.

Já a segunda parte vale 60 pontos, sendo composta de 6 questões dissertativas, distribuídas entre as disciplinas que integram cada um dos grupos. Cada questão dissertativa vale 10 pontos.

Vale frisar que em cada questão subjetiva, a Comissão do concurso pode ou não limitar o número de linhas das respostas na primeira ou segunda parte da prova subjetiva. Assim, o teor da resposta que exceder ao número de linhas fixado não será considerado, para fins de avaliação, em hipótese alguma. Isso evidentemente obriga o candidato a se limitar a responder dentro do número de linhas, já que se o seu raciocínio se alongar tudo o que exceder a linha será desconsiderado.

Diferentemente da prova objetiva, quando não é permitido nenhum tipo de consulta a texto, na prova subjetiva é facultada a consulta a diplomas normativos, nos seguintes termos:

a) quando os textos estiverem desacompanhados de anotações, instruções, comentários, exposição de motivos, transcrições e orientações jurisprudenciais, súmulas ou resoluções dos tribunais, do CONAMA, do CADE, do CNMP, do CNJ, do CONARE e de qualquer outro órgão da administração pública, devendo os candidatos levarem os textos de consulta com as partes não permitidas já isoladas, por grampo ou fita adesiva, de modo a impedir sua utilização, sob pena de não poder consultá-los;

b) é permitida a consulta à legislação obtida na internet, ou de forma avulsa, impressa ou copiada em apenas uma face, até o máximo de 20 (vinte) folhas;

c) será admitida a consulta a protocolos, pactos, tratados, resoluções e convenções e demais normas de direito internacional, sendo nesta única hipótese, admitida a utilização de normas em espanhol, nos termos do parágrafo anterior;

d) conforme aviso nº 04/2015 para as provas subjetivas, referente ao 28 CPR, "é permitida a consulta às edições que contenham textos com palavras ou trechos sublinhados ou destacados com pincel tipo marca-textos, ou, ainda, marcadores com indicação de páginas e diplomas legais.

e) a verificação das edições que atendem à exigência dos regulamentos previstos para o concurso ficará a critério das Subcomissões Estaduais no momento da vistoria do material trazido pelos candidatos.

f) o aviso nº 04/2015 também previu expressamente que não é permitido o intercâmbio de material de consulta.

Nestas provas subjetivas, os candidatos devem ser apresentar para a realização das provas com antecedência mínima de 30 minutos do horário estabelecido para o início, com cartão de identificação acompanhado do documento de identidade nele registrado e caneta esferográfica nas cores azul ou preta.

A norma do concurso impede que após este horário limite – antecedência de 30 minutos, o candidato adentre ao local de prova, sendo, assim, eliminado do certame.

Fatos que eliminam o candidato:

a) sair da sala antes de decorridos 90 minutos do início, ou antes da entrega da última prova por pelo menos 3 candidatos;

b) inserir no corpo das provas o seu nome, assinatura, local de realização ou qualquer outra anotação ou sinal que possa identificá-lo, sendo vedado também o uso de líquido corretor de texto e de caneta hidrográfica fluorescente;

c) que durante a sua realização, for surpreendido portando aparelhos eletrônicos, tais como bip/pager, telefone celular, reprodutor analógico ou digital de áudio e vídeo (como tocador de MP3, MP4 e/ou MP5), agenda eletrônica, *notebook, netbook, tablet*, leitor de livros digitais *(e-reader), palmtop*, receptor, gravador, máquina de calcular, máquina fotográfica e máquina datilográfica;

d) a não utilização, pelo candidato, de caneta esferográfica, nas cores azul ou preta, quando da realização da prova objetiva, poderá acarretar a não leitura automatizada do cartão de respostas, com a consequente perda dos pontos referentes às questões não lidas, não podendo o candidato alegar o desconhecimento desta norma;

e) redigir suas respostas com letra ilegível, a ser aferida pela Comissão de Concurso;

f) retirar, ao fim da prova, caderno de prova escrita ou der publicidade a seu conteúdo, por qualquer meio, antes que o faça a organização do concurso;

g) deixar de comparecer a qualquer uma das provas;

h) for colhido em flagrante comunicação com outro candidato ou com pessoas estranhas à realização do concurso.

Depois de divulgado o resultado das provas subjetivas, inicia-se o prazo recursal, sendo disponibilizado na página do concurso para Procurador da República as provas digitalizadas do candidato, acessada por senha pessoal fornecida no momento da inscrição preliminar. Se houver necessidade de vistas dos originais dos documentos, será concedida ao candidato, diretamente ou por intermédio de procurador habilitado com poderes específicos, exclusivamente na Secretaria de Concursos, na PGR, em Brasília/DF.

6

INSCRIÇÃO DEFINITIVA

Após a apuração dos resultados das provas subjetivas pela Comissão de Concurso, o Procurador-Geral da República fará publicar a relação dos candidatos aprovados nas provas escritas, convocando-os a requererem, no prazo de 10 (dez) dias, a inscrição definitiva.

Com o julgamento dos recursos interpostos pela Comissão de Concurso, o Procurador-Geral da República publicará edital com a relação complementar dos candidatos aprovados nas provas escritas, se for o caso, convocando-os, igualmente, a requererem, no prazo de 10 (dez) dias, a inscrição definitiva.

Este momento de inscrição definitiva é um diferencial de concursos para membros o Ministério Público e da Magistratura em relação aos demais. Este é o momento para se apresentar diversos documentos solicitados, como os elencados abaixo, como os constantes na Resolução do 29° CPR:

a) cópia do diploma de bacharel em Direito, devidamente registrado pelo Ministério da Educação, acompanhada do original para conferência;

b) comprovação de ter completado, à data da inscrição definitiva, 3 (três) anos de atividade jurídica, exercida após a obtenção do grau de bacharel em Direito;

c) cópias do título eleitoral e de comprovante de estar atualizado com os deveres políticos, acompanhadas dos originais para conferência;

d) cópia do certificado de reservista ou de dispensa de incorporação ou carta patente, acompanhada do original para conferência;

e) certidões dos setores de distribuição cível e criminal dos lugares em que tenha residido nos últimos 5 (cinco) anos, da Justiça Federal, Justiça Estadual (inclusive Militar, se houver), Justiça Eleitoral e Justiça Militar da União, emitidas, no máximo, 30 (trinta) dias antes do início da data das inscrições definitivas;

f) declarações firmadas por membros do Ministério Público, magistrados, advogados, professores universitários e dirigentes de órgãos da administração pública, no total de 5 (cinco), acerca da idoneidade moral do candidato, constando nome e endereços completos dos declarantes, emitidas, no máximo, 30 (trinta) dias antes do início das inscrições definitivas;

g) títulos que comprovem a capacitação do candidato para exame pela Comissão de Concurso, nos termos do art. 58 da Resolução;

h) duas fotos 3x4 iguais tiradas nos últimos 90 (noventa) dias, coloridas ou preto e branco, com fundo branco, em papel mate fosco;

i) cópia de documento de identidade, acompanhada do original para conferência;

j) folhas de antecedentes da Polícia Federal e da Polícia Civil Estadual ou do Distrito Federal, onde haja residido nos últimos 5 (cinco) anos; e

k) currículo do candidato, com indicação, em ordem cronológica, de todos os locais de sua residência nos últimos 5 (cinco) anos.

Por isso, importante o candidato guardar todos os seus documentos e declarar todas as informações necessárias. Por exemplo, se deixar de citar um local em que residiu nos últimos 5 anos, isso pode trazer problemas para ele, já que deveria ter apresentado a folha de antecedentes criminais daquele local. Da mesma forma, se deixar de informar uma ação penal ou de improbidade que responde, mesmo sendo em local em que não residiu nestes anos, pode ter problemas na análise da vida pregressa.

Dentre os documentos, o que mais causa celeuma é os que comprovam a prática jurídica. Na resolução do 28 CPR, a Resolução claramente previa a possibilidade do candidato apresentar "declaração da ciência de que só poderá tomar posse no cargo de Procurador da República após a comprovação dos 3 (três) anos de atividade jurídica, exercida após a obtenção do grau de bacharel em Direito". Ou seja, deixava aberta a possibilidade do candidato não comprovar no momento da inscrição definitiva que já teria os 3 anos, mas para um momento posterior.

A Resolução do MPF tinha por base a Resolução nº 40/2009, do CNMP (atualizada pela Resolução nº 87/2012, do CNMP), que prevê que "a comprovação do período de três anos de atividade jurídica deverá ser documentada e formalizada para o ato da posse do candidato aprovado em todas as fases do concurso público". E assim os concursos do Ministério Público vinham aplicando.

Porém, com a notícia da decisão do dia 13/04/2016, publicada no site do STF, no julgamento pelo plenário do Supremo do RE 655265 (acórdão ainda não publicado), acabou esta possibilidade. Esta decisão do STF veio ratificar a decisão do próprio plenário do STF, já tomada em sede da ADIn 3460, que também decidiu o momento da comprovação da atividade jurídica:

> **"Comprovação de atividade jurídica para ingresso no cargo de juiz substituto se dá na inscrição definitiva**
>
> Por maioria de votos, o Plenário do Supremo Tribunal Federal (STF), em sessão nesta quarta-feira (13), reafirmou jurisprudência no sentido de que a comprovação de atividade jurídica para ingresso no cargo de juiz substituto se dá na inscrição definitiva no concurso e não no momento da posse. No julgamento do Recurso Extraordinário (RE) 655265 foi definida a seguinte tese de repercussão geral: "A comprovação do triênio de atividade jurídica exigida para o ingresso no cargo de juiz substituto, nos termos do artigo 93, inciso I, da Constituição Federal, deve ocorrer no momento da inscrição definitiva no concurso público".
>
> O recurso extraordinário foi interposto pela União contra acórdão do Tribunal Regional Federal da 1ª Região (TRF-1) que assegurou a nomeação de candidata no cargo de juiz substituto do trabalho, pois o edital do concurso público não estabelecia a data da inscrição definitiva, momento quando se dá a comprovação da atividade jurídica.
>
> Em voto vencido, o relator do recurso, ministro Luiz Fux, defendeu o entendimento de que a exigência constitucional é para o ingresso na magistratura e não para a inscrição em concurso público. Segundo ele, não há óbice para que a comprovação ocorra no momento da posse, a partir da qual irá se dar o exercício efetivo do cargo. O entendimento foi seguido pelos ministros Luís Roberto Barroso e Marco Aurélio.
>
> Prevaleceu, no entanto, o voto divergente do ministro Edson Fachin, que considera não haver motivo para alterar a jurisprudência do Tribunal que, no julgamento da Ação Direta de Inconstitucionalidade (ADI) 3460, que tratava de exigência

semelhante para ingresso no Ministério Público, entendeu que o momento da comprovação da prática jurídica deve ocorrer no momento da inscrição definitiva. O ministro observou que a Resolução 75 do Conselho Nacional de Justiça (CNJ), que dispõe sobre os concursos públicos para ingresso na carreira da magistratura em todos os ramos do Judiciário, segue o mesmo direcionamento e que, desde o julgamento da ADI, não houve alteração que sugira a adoção de outro critério.

Ao acompanhar a divergência, o ministro Teori Zavascki observou que a data da posse é móvel e fixar para este momento a comprovação da atividade jurídica pode favorecer os candidatos com pior classificação pois, teoricamente quem está em último lugar tem prazo maior para comprovação. Em seu entendimento, o estabelecimento de critério móvel cria critério de deslocamento no tempo que fere a isonomia entre os candidatos. A divergência também foi acompanhada pelas ministras Rosa Weber e Cármen Lúcia, e os ministros Gilmar Mendes, Celso de Mello e Ricardo Lewandowski.

Caso concreto

No caso concreto, por unanimidade, foi seguido o voto do relator no sentido de negar provimento ao recurso da União para assegurar a posse à candidata. Os ministros entenderam que o fato de o edital não ter especificado data para a comprovação do triênio de atividade jurídica e que, como o concurso foi sobrestado por iniciativa da administração pública (período no qual foi atingida a exigência constitucional), a candidata não poderia ser prejudicada." (Fonte: http://bit.ly/STF-praticajuridica)

A decisão tomada pelo STF foi somente para concurso da Magistratura, definindo a seguinte repercussão geral: "A comprovação do triênio de atividade jurídica exigida para o ingresso no cargo de juiz substituto, nos termos do artigo 93, inciso I, da Constituição Federal, deve ocorrer no momento da inscrição definitiva no concurso público".

Em resumo, os argumentos utilizados pelo STF, no voto condutor do Min. Teori Zavascki, foram:

a) importância que todos os candidatos na disputa às vagas cumpram as condições para o exercício do cargo no momento da inscrição definitiva, para evitar que candidato depois de aprovado ajuize ações (para suprimir este requisito e tomar posse logo), o que poderia atrapalhar o concurso, o que iria de encontro ao interesse público;

b) Adoção de "critério móvel" cria deslocamento no tempo o que fere a isonomia entre os candidatos. E estaria contra a própria finalidade do edital, que serve para orientar os candidatos de seus requisitos;

c) Maioria do STF entendeu que se for definida a data da posse como termo final para cumprimento dos três anos, isso "pode favorecer os candidatos com pior classificação pois, teoricamente quem está em último lugar tem prazo maior para comprovação".

Em relação à questão no âmbito do Ministério Público Brasileiro, vale ressaltar que, durante o julgamento, o então Procurador-Geral da República Rodrigo Janot se manifestou pela importância de que o STF definisse a repercussão geral para o prazo da comprovação da atividade jurídica prevista na Constituição Federal. Ademais, também se comprometeu em apresentar no CNMP proposta de resolução alterando a questão também no âmbito do Ministério Público. Segue abaixo a notícia da manifestação de Rodrigo Janot, publicada no site da PGR:

> **"PGR defende que atividade jurídica deve ser comprovada no ato da inscrição para concurso**
>
> Na sessão do Supremo Tribunal Federal (STF) desta quarta-feira, 13 de abril, o procurador-geral da República, Rodrigo Janot, defendeu que candidatos que concorrem a concurso para magistratura e quadros do Ministério Público devem comprovar, no ato da inscrição definitiva do certame, atuação de três anos na atividade jurídica. No julgamento da repercussão geral do

Recurso Extraordinário (RE) 655265, a maioria dos ministros da Suprema Corte firmou essa tese.

Janot não examinou o mérito do recurso em questão, apenas a tese proposta para repercussão geral em casos semelhantes. Para ele, a comprovação do triênio de atividade jurídica proporciona maior segurança à sociedade contra candidatos que fazem a inscrição e não possuem tal requisito. "Quem faz a inscrição descumprindo isso, no mínimo, está mentindo e, portanto, estamos acolhendo nos quadros alguém que não tem compromisso com a verdade", ponderou.

Segundo Janot, a falta do cumprimento desse requisito provoca, ainda, insegurança jurídica e problemas à administração pública, já que o candidato, para assegurar a vaga, necessita ingressar na justiça em buscar de liminares, a fim de retardar a posse até atingir o tempo de três anos. "O concurso é aberto justamente para recrutar membros para que a instituição possa exercer com eficiência, utilidade e rapidez e sua atribuição, mas a administração se vê obrigada a aguardar o cumprimento do prazo para posse, com reserva de vaga, até que o candidato tenha este requisito."

Em relação a esta demora, conforme explicou, o Ministério Público entende que o prazo deve ser aferido na época da inscrição e que o candidato que não preencher tais requisitos deve aguardar o tempo necessário e, só a partir deste momento, participar do processo seletivo. "Por essa razão, o MPF, corroborando a manifestação escrita, entende que deve ser provido o recurso e examinada a tese em repercussão geral", concluiu.

No julgamento da repercussão geral, os ministros decidiram manter orientação jurisprudencial firmada pela Corte, confirmando validade de resolução do Conselho Nacional de Justiça (CNJ), no sentido de que o candidato deve comprovar a atuação e o exercício da atividade jurídica de três anos no ato da inscrição definitiva do concurso. Ficaram vencidos o relator, ministro Luiz Fux, e os ministros Roberto Barroso e Marco Aurélio.

Para manter a isonomia entre as carreiras jurídicas, Janot fez uma intervenção explicando que já solicitou alteração da resolução do Conselho Nacional do Ministério Público (CNMP) sobre o assunto e apresentará o texto aos conselheiros na próxima

> sessão. Atualmente, a resolução prevê que a prática jurídica de três anos deve ser comprovada na data da posse.
>
> No mérito do Recurso Extraordinário 655265, a Corte, por unanimidade, negou provimento ao caso específico". (Fonte: http://bit.ly/PGR-praticajuridica)

Neste sentido, no dia 26/04/2016 foi editada a Resolução nº 141/2016, do CNMP, com o critério de atividade jurídica para o Ministério Público, revendo os critérios anteriores do CNMP e estabelecendo que "a comprovação do período de três anos de atividade jurídica deverá ser feita no ato da inscrição definitiva do concurso".

Tal Resolução foi editada com base nas seguintes premissas:

> "considerando que o Supremo Tribunal Federal, no julgamento do RE nº. 655265, Rel. Ministro Luiz Fux, Relator p/ acórdão Ministro Edson Fachin, julgado em 13/04/2016, reafirmou a jurisprudência da Corte tomada na ADI nº. 3460, Relator: Min. Carlos Britto, Tribunal Pleno, julgado em 31/08/2006, DJe 15-06-2007, e definiu a seguinte tese de repercussão geral: "A comprovação do triênio de atividade jurídica exigida para o ingresso no cargo de juiz substituto, nos termos do artigo 93, inciso I, da Constituição Federal, deve ocorrer no momento da inscrição definitiva no concurso público";
>
> Considerando ultrapassada a atual exegese contida no art. 3º da Resolução CNMP nº. 40/2009, com a redação dada pela Resolução CNMP nº. 87/2012, que impõe que a comprovação do período de três anos de atividade jurídica deverá ser documentada e formalizada para o ato da posse do candidato aprovado em todas as fases do concurso público, e não no ato da inscrição definitiva".

O Conselho Nacional do Ministério Público tem uma resolução específica que disciplina quais as funções são aceitas como atividade jurídica para o Ministério Público (Resolução nº 40/2009. com as atualizações posteriores).

Na Resolução e Edital para o 29 CPR não há qualquer previsão de comprovação posterior do triênio de atividade jurídica.

Ademais, o 29 CPR trouxe em sua Resolução, os detalhamentos e a aplicação para o concurso. Repetindo os parâmetros do CNMP, prevê que toda a comprovação do exercício de atividade jurídica, deve ser desempenhada exclusivamente após a obtenção do grau de bacharel em Direito:

a) o efetivo exercício de advocacia, inclusive voluntária, com a participação anual mínima em 5 (cinco) atos privativos de advogado (Lei nº 8.906, de 4 Julho de 1994), em causas ou questões distintas.

b) o exercício de cargo, emprego ou função, inclusive de magistério superior, que exija a utilização preponderante de conhecimentos jurídicos;

c) o exercício de função de conciliador em tribunais judiciais, juizados especiais, varas especiais, anexos de juizados especiais ou de varas judiciais, assim como o exercício de mediação ou de arbitragem na composição de litígios, pelo período mínimo de 16 (dezesseis) horas mensais e durante 1 (um) ano os cursos de pós-graduação em Direito ministrados pelas Escolas do Ministério Público, da Magistratura e da Ordem dos Advogados do Brasil, bem como os cursos de pós-graduação reconhecidos, autorizados ou supervisionados pelo Ministério da Educação ou pelo órgão competente, desde que estes cursos sejam concluídos com aprovação.

d) para os cursos de pós-graduação, devem ter no mínimo, um ano de duração e carga horária total de 360 horas-aulas, distribuídas semanalmente. Independente do tempo de duração superior, serão computados como prática jurídica: 1) um ano para pós-graduação *lato sensu*; 2) dois anos para Mestrado; 3) três anos para Doutorado. E os cursos de pós-graduação (*lato sensu* ou *stricto sensu*) que exigirem apresentação de trabalho monográfico final serão considerados integralmente concluídos na data da respectiva aprovação desse trabalho;

e) a comprovação do tempo de atividade jurídica relativa a cargos, empregos ou funções não privativas de bacharel em Direito será realizada por meio da apresentação de certidão circunstanciada, expedida pelo órgão competente, indicando as respectivas atribuições e a prática reiterada de atos que exijam a utilização preponderante de conhecimentos jurídicos, cabendo à comissão de concurso analisar a pertinência do documento e reconhecer sua validade em decisão fundamentada.

6.1 ANÁLISE DA ATIVIDADE JURÍDICA

6.1.1 Momento para aferição da atividade jurídica

A jurisprudência de STF e STJ entendia que a aferição dos requisitos para o cargo era realizada no momento de sua investidura, o que correspondente à posse, na maioria dos casos. O entendimento foi consolidado na Súmula 266 do STJ: "O diploma ou habilitação legal para o exercício do cargo deve ser exigido na posse e não na inscrição para o concurso público".

A Emenda Constitucional nº 45/2004, trouxe os artigos 93, inciso I (Judiciário) e 129, §3º (Ministério Público), prevendo a exigência de três anos de atividade jurídica para ingresso na magistratura (havendo regra semelhante para o Ministério Público).

Para o Ministério Público, a regra é a seguinte:

> "art. 129, § 3º O ingresso na carreira do Ministério Público far-se-á mediante concurso público de provas e títulos, assegurada a participação da Ordem dos Advogados do Brasil em sua realização, exigindo-se do bacharel em direito, no mínimo, três anos de atividade jurídica e observando-se, nas nomeações, a ordem de classificação".

Assim, em 2004, o Conselho Superior do Ministério Público do Distrito Federal e Territórios elaborou Resolução n.º 55/2004 para provimento de cargos de Promotor de Justiça substituto. Pela regra, a comprovação do tempo de atividade jurídica deveria se dar na inscrição definitiva.

Questionando esta resolução, a CONAMP – Associação Nacional dos Membros do Ministério Público ajuizou Ação Direta de Inconstitucionalidade de n.º 3460. A ação foi julgada em 2006, a regra foi julgada constitucional.

> *O Tribunal, por maioria, julgou improcedente pedido formulado em ação direta de inconstitucionalidade ajuizada pela Associação Nacional dos Membros do Ministério Público – CONAMP contra o art. 7º, caput e parágrafo único, da Resolução 35/2002, com a redação que lhe foi dada pelo art. 1º da Resolução 55/2004, do Conselho Superior do Ministério Público do Distrito Federal e Territórios, que estabelece que a inscrição em concurso público para a carreira do Ministério Público será feita por bacharéis em Direito com, no mínimo, três anos de atividade jurídica, cuja comprovação dar-se-á pelos meios que elenca e no momento da inscrição definitiva. Inicialmente, o Tribunal afastou as preliminares suscitadas e conheceu da ação. No mérito, entendeu-se que a norma impugnada veio atender ao objetivo da Emenda Constitucional 45/2004 de selecionar profissionais experientes para o exercício das funções atribuídas aos membros do Ministério Público, asseverando-se que os três anos de atividade jurídica contam-se da data da conclusão do curso de Direito e que a expressão "atividade jurídica" corresponde ao desempenho de atividades privativas de bacharel em Direito. Considerou-se, também, que o momento da comprovação desses requisitos deve ocorrer na data da inscrição no concurso, de*

molde a promover maior segurança jurídica tanto da sociedade quanto dos candidatos. Vencido, em parte, o Min. Carlos Britto, relator, que julgava parcialmente procedente o pedido para excluir do parágrafo único do art. 7º da Resolução impugnada a expressão "verificada no momento da inscrição definitiva", ao fundamento de que a comprovação dos requisitos deve dar-se na data da posse no cargo, tendo em conta ser o requisito temporal exigido para o ingresso, sinônimo de investidura, na carreira do Ministério Público. Vencidos, integralmente, os Ministros Eros Grau, Marco Aurélio e Sepúlveda Pertence, que julgavam o pedido procedente, reportando-se à jurisprudência da Corte no sentido de que os requisitos devem ser demonstrados na data da posse e conferindo interpretação mais ampla à expressão "atividade jurídica". O Min. Marco Aurélio também julgou procedente o pedido no tocante ao vício formal por não reconhecer, ao Conselho Superior do Ministério Público, competência para regulamentar a CF. ADI 3460/DF, rel. Min. Carlos Britto, 31.8.2006. (informativo 438 de 28.08.2006, ADI-3460)

Após, ao longo dos anos a partir de 2009, houve resoluções que vieram flexibilizar este entendimento, indicando novamente que se poderia aguardar a comprovação da atividade jurídica ser feita após no momento da posse.

Por isso, houve nova discussão da Suprema Corte acerca do assunto, e no julgamento do RE 655265, o STF entendeu, aplicando repercussão geral, que "a comprovação do triênio de atividade jurídica exigida para o ingresso no cargo de juiz substituto, nos termos do artigo 93, inciso I, da Constituição Federal, deve ocorrer no momento da inscrição definitiva no concurso público".

E esta nova interpretação já foi aplicada nas resoluções do CNJ e CNMP. Desta forma, já se consolida a tese de que o candidato só poderá concorrer de fato se tiver o tempo necessário na inscrição definitiva. Não poderá pedir à Administração que aguarde ele completar os 3 anos de atividade jurídica. Se não detiver o tempo na inscrição definitiva reconhecido pela comissão do concurso (e não conseguir qualquer decisão judicial que ampare sua participação no concurso) está fora do certame.

6.1.2 Formas de obtenção da atividade jurídica

Uma premissa é de que esta comprovação do exercício de atividade jurídica, deve ser desempenhada exclusivamente após a obtenção do grau de bacharel em Direito. Não há hipótese aceita por qualquer edital, tampouco o do MPF, de prática de atividade jurídica antes da formatura. Estágios durante a faculdade não podem ser contados como tempo de atividade jurídica.

Advocacia

O tempo de exercício da advocacia deve ser comprovado por certidões de cartórios e secretarias, publicações, petições protocolizadas ou outro meio igualmente idôneo que comprove a participação anual mínima em 5 (cinco) atos privativos de advogado, em causas ou questões distintas, devendo especificar, aludidos documentos, a data e o ato praticado, obrigatoriamente, acompanhados de documento comprobatório da inscrição definitiva junto à Ordem dos Advogados do Brasil.

Para esta comprovação, trago algumas observações:

1) é necessário praticar 5 atos privativos de advogado em causas distintas: devem ser 5 processos diferentes. Não bastam 5 petições em um único processo. Também não são suficientes atos praticados no mesmo processo em anos diferentes, neste caso só um processo é contado. Não basta estar em procuração ou substabelecimento. Mesmo nos casos do Juizado Especial em que o *jus postulandi* pode ser formulado pela própria parte, quando o ato for praticado por advogado, esta causa conta como processo;

2) a atuação extrajudicial também é permitida. Como neste caso não há petições e a forma de comprovação pode ser menos oficial, agregue o maior número de informações possíveis. Junte seus pareceres, elaboração de divórcios e separações judiciais em cartórios, consultorias para empresas, associações etc. Tenha também em mãos contratos de prestação de serviços, tendo sido contratado como advogado. Se tiver carteira de trabalho, tendo sido contratado como advogado, melhor ainda. Se houver dúvida se sua atuação é de ato privativo para advogado, formule individualmente ou com amigo advogado alguma petição judicial para que não haja problema na comprovação. Desde que, evidentemente, não haja algum impedimento em exercer tal atividade;

3) a contagem do tempo para comprovação do exercício da advocacia privada, segundo o regulamento do 29CPR, "terá como termo inicial a data constante no protocolo judicial ou a data do documento, quando se tratar de ato extrajudicial, podendo, em relação ao primeiro e ao último ano do exercício da advocacia, o período ser contado proporcionalmente (peça/mês), tendo em vista que a contagem se dará dentro do ano civil". Esta previsão indica que, por exemplo, se a primeira petição no processo for feita em agosto/2014, serão contados os meses de agosto a dezembro/2013. Ou seja, computados 5 meses em 2014. Porém, para que sua comprovação de tempo de atividade seja mais tranquila e segura, importante que até o final do ano de 2014 (dezembro), você atue em 5 processos distintos neste próprio ano de 2014. Se tiver atuado em 3 processos em 2014 e mais 2 processos até agosto/2015, também é possível argumentar. Mas isso pode fragilizar, especialmente se houver uma nova

interpretação em novos editais. O importante é que logo que você consiga a OAB, possa logo assinar as primeiras petições, logo na primeira semana, nem que seja em apoio a um amigo advogado ou atuando para sua família, por exemplo. Se possível, realizar atos, de preferência na primeira semana. Isso pode fazer toda a diferença entre ter ou não o tempo de atividade jurídica quando sair o edital para o qual você se prepara;

4) para comprovar, junte certidões de cartórios e secretarias, publicações, petições protocolizadas. Tenha o máximo de informações e comprovantes com você. Nos processos eletrônicos, em que só uma assinatura vai na petição, certifique-se de que seu nome consta da procuração e da lista de advogados cadastrados. Importante também fazer constar seu nome e OAB na petição, mesmo que não seja sua a assinatura eletrônica.

Pós-graduação

O Ministério Público Federal aceita certidão ou diploma de realização de cursos de pós-graduação em Direito, concluídos com aprovação, ministrados pelas Escolas do Ministério Público, da Magistratura e da Ordem dos Advogados do Brasil, bem como os cursos de pós-graduação em Direito reconhecidos, autorizados ou supervisionados pelo Ministério da Educação ou pelo órgão competente, com toda a carga horária cumprida após a conclusão do curso de bacharel em Direito.

A própria resolução do concurso indica que independentemente do tempo de duração superior dos cursos, computar-se-á, como atividade jurídica, o tempo de: a) um ano para pós-graduação *lato sensu*; b) dois anos para Mestrado; e c) três anos para Doutorado. E que não se admitirá, no cômputo da atividade jurídica, a concomitância de cursos de pós-graduação nem de atividade jurídica de outra natureza. Ou seja, se for uma pós-graduação *lato sensu*, será contado somente um ano para atividade jurídica. E também não pode fazer duas concomitantes para que o tempo seja somado.

O MPF também exige que para os cursos de pós-graduação (*lato sensu* ou *stricto sensu*) que exigirem apresentação de trabalho monográfico final serão considerados integralmente concluídos na data da respectiva aprovação desse trabalho.

E para as pós-graduações *lato sensu*, para evitar cursos curtos e sem cumprimento integral de suas finalidades, o MPF exige que os cursos *lato sensu* tenham, no mínimo, 1 (um) ano de duração e carga horária total de 360 horas-aulas distribuídas semanalmente e integralmente cumprida após a conclusão do curso de bacharelado em Direito.

O edital vem permitindo para efeito de títulos a realização de Doutorado ou Mestrado em direito, concluída a carga horária sem a apresentação da tese ou dissertação, com pontuação um pouco menor de quando existe a apresentação da tese ou dissertação. Mas isso não vale para efeitos de tempo de atividade jurídica.

Para o concurso de Procurador da República, não valem os cursos de pós-graduação, Mestrado ou Doutorado realizados no exterior, sem a respectiva revalidação do diploma.

Cargo, emprego ou função privativo de bacharel em direito

Mais fácil de comprovar, somente com a portaria de nomeação e a entrada em exercício, com a indicação de que é privativo de bacharel em Direito. Vale o tempo de serviço que o candidato tem naquela função.

Exercício de magistério superior

Vale o exercício do magistério em curso de direito ou em disciplina jurídica ministrada em outros cursos, em instituição de ensino superior pública ou reconhecida. Claro que tais cursos devem ter o reconhecimento do Ministério da Educação.

Exercício de função de conciliador, mediador, árbitro ou advocacia voluntária

Também é aceita a atividade jurídica com a comprovação do exercício de função de conciliador em tribunais judiciais, juizados especiais, varas especiais, anexos de juizados especiais ou de varas judiciais, assim como o exercício de mediação ou de arbitragem na composição de litígios além do exercício da advocacia voluntária junto às Defensorias Públicas Federal e Estaduais, pelo período mínimo de 16 (dezesseis) horas mensais e durante 1 (um) ano.

Esta previsão permite a realização de funções *pro bono*, ou seja, sem remuneração, mas concede ao candidato a prática na vida real, exercendo importantes funções jurídicas, e também o tempo de atividade jurídica. O regramento da resolução impõe que haja o exercício de pelo menos 1 ano. Tempo menor não será aceito: ou seja, se exercer 6 meses de função de conciliador, tal prazo não poderá ser utilizado para fins de atividade jurídica.

Além de se exercer estas importantes atividades *pro bono*, tal previsão permite que pessoas com funções que não são privativas a bacharel em Direito, como policiais, servidor público com cargos em outras áreas ou cargo em que é incompatível a advocacia, possam exercer a função de conciliador e garantir o tempo de atividade jurídica.

Exercício de cargos, empregos ou funções não privativas de bacharel em Direito

Nestes casos, o candidato pode obter certidão circunstanciada que indique as respectivas atribuições e a prática reiterada de atos que exijam a utilização preponderante de conhecimentos jurídicos. Por exemplo, um candidato que seja servidor público de nível médio, e exerça função gratificada, de atos preponderantes de conhecimento jurídico, como os técnicos administrativos do Ministério Público e da Justiça que também realizam análise de processos e de procedimentos de investigação. Para isso, é necessária uma certidão detalhada das atribuições e da prática reiterada dos atos.

Nos casos de cargos de Auditor-Fiscal e Analista do Tribunal de Contas e de Controladorias tais cargos exercem relevantes funções, e muitas vezes com atuação preponderantemente jurídicas, apesar de não serem cargos privativos de bacharel em Direito, pela própria natureza. Porém, como muitas destas funções se enquadram, pode-se obter certidão circunstanciada com as respectivas atribuições e a prática reiterada de atos que exijam a utilização preponderante de conhecimentos jurídicos para a comprovação. Já existem decisões do CNJ que seguem esta linha. E no caso do concurso do MPF, o concorrente pode buscar esta certidão detalhada da atividade.

6.2 ANÁLISE DA VIDA PREGRESSA DO CANDIDATO

Na conversão em caráter definitivo da inscrição o MPF analisa os documentos apresentados pelo candidato, realizando uma análise da vida pregressa. A Comissão de Concurso e o Secretário de Concursos — com o apoio da Corregedoria-Geral do Ministério Público Federal, se entenderem conveniente — apreciarão os elementos que a instruíram, promovendo as diligências que se fizerem necessárias sobre a vida pregressa do candidato, podendo colher elementos informativos junto a quem os possa fornecer e convocar o próprio candidato para ser ouvido, a tudo sendo assegurada tramitação reservada.

Se for verificada a falsidade de qualquer declaração ou de documento apresentado, o deferimento da inscrição definitiva pode ser revisto pela Comissão de concurso.

Também é previsto que qualquer pessoa – física ou jurídica – poderá representar ao Procurador-Geral da República contra pedidos de inscrição de candidato, oferecendo ou indicando as provas do fato arguido.

7

PROVA ORAL (terceira fase)

Após apto na primeira e segunda fases, tendo sido deferida a inscrição definitiva e tendo êxito na sindicância da vida pregressa, o Procurador-Geral da República convocará com antecedência mínima de 7 dias, os candidatos com inscrição definitiva deferida para se submeterem às provas orais, em Brasília/DF.

A prova oral representa um momento diferente do que estamos acostumados enquanto "concurseiros". A maioria dos concursos não exige prova oral. Em regra, não nos preparamos de forma oral para as provas, estudamos sozinhos ou em grupos, mas, em regra, não debatemos amplamente os temas.

Assim, você chegou para a prova oral. Você está com receio de que os examinadores achem que você não sabe nada... Mas como não sabe?! Você chegou na prova oral deste concurso para Procurador da República. Certamente está entre os 70, no máximo 100 candidatos aprovados já em duas fases dificílimas. É óbvio que você tem toda a capacidade e muito conhecimento, caso contrário não teria chegado até aqui. Uma certa ansiedade e nervosismo são normais neste momento, mas é preciso ter coragem e seguir em frente. Como disse o escrito norte-americano

Mark Twain: "Coragem é a resistência ao medo, o domínio do medo – não a ausência do medo."

Na prova oral, você já acumulou bastante conhecimento. Tudo isso será aproveitado. Mas agora você pode dedicar suas próximas semanas para uma preparação voltada à prova oral.

Se você ainda não tiver tirado férias ou tiver licenças pendentes, aproveite, o momento é agora. Tire todas as férias que tiver para estudar para este momento. É o momento decisivo. Mais tempo de preparação é fundamental para dar maior conhecimento e segurança. E a prova oral será decisiva para sua escolha de vagas após o concurso. Se conseguir uma boa pontuação na prova oral, isso pode ser a diferença entre ficar por alguns anos entre uma cidade mais próxima de sua casa ou uma bem distante, sem acesso a aeroporto, por exemplo. Vale a pena se dedicar ao máximo nesta fase, nos limites de sua possibilidade. Se já tirou férias antes, tudo bem, ótima escolha e estratégia para chegar bem nesta fase oral. Mas se ainda tem algum tempo de férias ou licença, nem que seja uma semana, não deixe de aproveitar: o momento é este.

Muitos candidatos nesta fase buscam os resumos e o famoso "Santo Graal do MPF", que é uma compilação dos itens do edital do MPF feitos pelos candidatos dos concursos, que vai sendo atualizado no decorrer do tempo. Uma verdadeira obra aberta coletiva.

As provas ocorrem com arguição do candidato por um ou mais dos membros da Comissão de Concurso, titulares e/ou suplentes, sobre os temas contemplados no ponto sorteado, em cada disciplina.

Todas as arguições orais serão registradas em gravação de áudio ou por qualquer outro meio que possibilite a sua posterior reprodução.

As provas orais ocorrem, em conformidade com pontos sorteados para cada disciplina no momento da arguição, abrangendo os temas constantes dos correspondentes programas.

Na arguição oral do candidato, a Comissão de Concurso avaliará o domínio do conhecimento jurídico, a adequação da linguagem, a articulação do raciocínio, a capacidade de argumentação e o uso correto do vernáculo.

Há muitas chances de se fazer uma preparação para a prova oral, você pode:

a) treinar com os amigos e colegas de concurso: Se houver outros aprovados na sua cidade, é uma ótima oportunidade de estreitar os laços com os demais aprovados e se preparar em conjunto para a prova oral. Se não, pode tentar também fazer a prova oral com os demais companheiros de estudo que estejam se preparando para outros concursos. Uma coisa que fiz foi treinar com alguns Procuradores da República que atuavam na minha unidade. No treinamento e pelo nervosismo que passei naquele momento, percebi que precisava treinar ainda mais para me preparar para a prova oral. O treinamento serve para isso, e o quanto antes você perceber as fragilidades, mais tempo e tranquilidade terá para resolver;

b) treinar com câmeras/celulares: a gravação das respostas também é uma possibilidade boa para o treino. O candidato pode gravar ou pedir para alguém gravar respostas após sorteio de pontos aleatórios, e depois ver como ficam as respostas no vídeo. É uma excelente forma de treinamento, pois você poderá perceber fragilidades simples de serem resolvidas. A possibilidade de se enxergar em uma gravação apresenta uma boa dimensão de como será a prova oral;

c) treinar simulações em cursos *on-line*: há cursos *on-line* que abrem turmas para preparação para prova oral, que podem ser feitos de forma remota e podem ser uma excelente oportunidade de treinamento e verificar algumas fragilidades e como funciona o sistema da prova oral durante uma manhã ou uma tarde, por exemplo, o que pode aperfeiçoar seu estudo;

d) treinar simulações de prova oral presencial: há outros cursos que abrem turmas em cidades-polos, como Rio de Janeiro, São Paulo e Brasília, para provas orais de concursos, como o de Procurador. Estes cursos já permitem um treinamento mais completo, já que o candidato terá a oportunidade de simular como funciona de verdade uma prova oral para Procurador da República. Se o candidato tiver condições financeiras e tempo para estar em um destes cursos, é um bom investimento que faz. Neste curso terá oportunidade de ter dicas de fonoaudiologia e de técnicas de argumentação para melhores responder às questões. Há cursos que fazem a gravação da prova em vídeo e mostram ao candidato como ele pode fazer para aperfeiçoar a resposta;

e) se quiser em concursos anteriores, assista às provas orais do MPF antes. Fazendo ou não o concurso, a pessoa pode assistir à prova oral, que ocorre no auditório do Conselho Superior do MPF, no prédio da PGR, em Brasília. Esta experiência poderá trazer maior tranquilidade quando chegar sua vez. Mas tal providência não é imprescindível, até mesmo porque na prova oral não se consegue ouvir muito bem os examinadores ou os candidatos, já que é realizada individualmente com cada candidato, de forma simultânea, e as perguntas e respostas são gravadas mas não são reproduzidas em sistema de som no auditório. Assim, quem queira assistir à prova só ouvirá as respostas se sentar nas primeiras cadeiras do auditório.

Se tiver condições para participar de simulações de prova oral presencial, é um ótimo treinamento. Se não houver condições, acredito que tal preparação pode ser muito bem substituída pela simulação em cursos *on-line* ou presenciais com conhecidos que possam ajudar. O que importa nesta fase é treinar a capacidade de argumentação e objetividade nas respostas. Além, claro, do conhecimento técnico que o candidato já vem acumulando ao longo de todo o estudo.

8

PREPARAÇÃO PARA AS PROVAS

Toda a espera para um momento decisivo, resultado de meses ou anos de preparação, traz uma certa expectativa e ansiedade. Este sentimento todos os candidatos também vão ter, cada um de alguma forma. É inerente ao ser humano um aumento da expectativa para os momentos decisivos, e isso motiva para se descobrir e enfrentar o novo. Não pense que é só você, todos estão no mesmo barco.

Mas é necessário que a ansiedade permaneça em níveis tolerados. Um alto grau de pressão do próprio candidato ou de terceiros por resultados contribui para problemas, como o famoso "branco" na hora da prova.

Ao se aproximar a hora da prova, importante que o candidato saiba dosar o ritmo de estudo. Nos últimos dias de preparação não é o momento para o candidato buscar o máximo de horas de estudos mudando totalmente sua rotina, sob risco de ficar estafado e ter o desempenho prejudicado no momento mais importante.

O candidato sempre acha que:

a) só ele que lê uma matéria e esquece depois grande parte do conteúdo;

b) não consegue memorizar "de primeira" conceitos e classificações doutrinárias;

c) vai cair na prova justamente as matérias que ele não domina totalmente;

d) pode se confundir com interpretações de textos e questões que induzam ao erro na prova;

e) não teve tempo de ler e revisar todas as matérias como gostaria.

Enfim, estas dúvidas são da grande maioria dos candidatos. Quando mais se estuda e conhece os temas, mais se tem dúvida sobre a amplitude do conhecimento. A frase socrática "só sei que nada sei" é cada vez mais frequente quando se busca o conhecimento. É muito boa para que nos instigue a estudar mais e nos aperfeiçoar, mas não pode se tornar um fardo pesado demais para carregar nos dias próximos às provas.

A tensão e o nervosismo são inimigos das tomadas de boas decisões. Não procure nos últimos dias antes das provas estudar desesperadamente. Busque auxílio em seus blocos de anotações, resumos de informativos do STF/STJ, olhada nos livros com suas anotações já realizadas, revisada em conceitos e classificações que mais são exigidas em provas.

Eu, por exemplo, gostava muito de ler texto "seco" da Constituição Federal às vésperas das provas subjetivas. Muitas das questões de provas objetivas, das mais diversas matérias (constitucional, administrativo, tributário, financeiro, econômico, ambiental) são retiradas diretamente da letra da Constituição Federal. A Constituição concentra um grande número de informações muito importantes. Agora, não deixe para ler este texto seco da Constituição somente na véspera da prova. Mas a véspera é um ótimo momento para aproveitar para revisar, sem tanta pressão. Não se esqueça que no dia posterior você terá de enfrentar uma prova, com a melhor concentração e aplicação dos conhecimentos adquiridos durante meses ou anos de estudo. E é para este momento, do dia da prova, que você vem se preparando. Não chegue estafado ou muito preocupado. Seu caminho vem sendo trilhado há tempos.

8.1 DIA ANTERIOR À PROVA

No dia anterior à prova, o momento é de fazer uma breve revisão de algum material que você tenha. Cada um tem uma estratégia. A minha era de ler texto "seco" da Constituição Federal nas provas objetivas, ver alguma anotação em livros e conferir aquelas principais classificações dos vários ramos do direito. Há pessoas que revisam seus próprios resumos, que é uma excelente estratégia também. Ler as classificações e princípios das disciplinas é muito útil também. Tudo isso, claro, sem estudar "no limite". Não precisa buscar alto nível de estresse nesta véspera.

Existem pessoas que gostam de relaxar totalmente na véspera de prova. Não pegar nenhum livro ou anotação, e ir passear ou assistir a um filme. Particularmente, não adotei esta estratégia. Não ler nada durante a véspera me passava uma sensação de perda de oportunidade de buscar consolidar o conhecimento obtido durante o tempo de estudo. E isso me deixaria ansioso. Assim, preferia estudar um pouco, como narrado acima.

Além disso, é necessário buscar os documentos e informações necessárias para chegar a prova, concluindo com tranquilidade:

a) horário de chegada no local de prova: Por previsão expressa da Resolução, os candidatos devem apresentar-se para a realização das provas escritas com antecedência mínima de 30 (trinta) minutos do horário assinalado para o início dos exames. A norma é expressa, indicando que, "após o horário limite – antecedência de 30 (trinta) minutos – nenhum candidato, em qualquer hipótese", será admitido a entrar no local e fazer as provas escritas, devendo a Subcomissão Estadual providenciar imediatamente o fechamento de portões e portas de acesso. Ou seja, fique atento ao horário de fechamento dos portões, que é de 30 (trinta) minutos antes do início das provas. A prova objetiva é domingo, mas há provas subjetivas realizadas durante dias de semana.

Sugiro que faça um reconhecimento da área dias antes, buscando saber qual o melhor trajeto para se chegar ao local e onde encontrar o local de prova, por qual rua é sua entrada. Fique atento com os congestionamentos, datas festivas, fechamento de ruas próximos ao local. Cada cidade tem sua dinâmica diferente. Pode haver fechamento de ruas por causa de obras, corridas de rua, procissões religiosas, protestos, acidentes de trânsito, quedas de árvores etc. Além do risco de congestionamento, o que é comum nas grandes cidades do país. Assim, para ter maior tranquilidade, conheça bem como se faz para chegar neste local de prova e se programe para chegar com uma boa antecedência, o que trará maior tranquilidade;

b) comprovante de inscrição: conforme a Resolução para os concursos do MPF, que vem sendo repetida nesta parte de inscrições e comprovação, a inscrição preliminar será realizada exclusivamente, após o pagamento da taxa de inscrição, nas Procuradorias da República nos Estados e no Distrito Federal e também nas Procuradorias da República nos Municípios indicados no edital de abertura. Após o candidato acessar o endereço eletrônico do concurso, deve enviar o formulário e imprimir a Guia de Recolhimento da União (GRU) com o valor da taxa (no 29 CPR, o valor foi de R$ 250,00).

Após realizar a pré-inscrição via *internet* e pagar a taxa, o candidato deverá, dentro do prazo de inscrição estabelecido no edital de abertura, dirigir-se a uma das Procuradorias da República que recebem a inscrição, finalizar o processo. Assim, pegará o Cartão de Identificação, que é o comprovante da inscrição, que deverá levar nas provas, em todas as suas etapas. Assim, o cartão de identificação **não** será enviado a sua casa, você já sai com ele quando fizer sua inscrição preliminar no certame;

c) documento de identidade: A Resolução do concurso do MPF prevê que o Cartão de Identificação, entregue no ato da inscrição preliminar, **acompanhado do documento de identidade nele registrado**, assegurará ao candidato acesso ao local da efetivação das provas e deverá ser exibido sempre que solicitado em subsequentes etapas. Assim, o candidato deve portar no local da prova o documento de identidade original que levou para fazer a inscrição no certame. Não vale cópia autenticada. Se o documento houver sido extraviado, algum tempo antes da prova, pode se dirigir a Procuradoria da República que fez a inscrição para registrar. Se houver sido extraviado/furtado/roubado às vésperas da prova, importante fazer um boletim de ocorrência para registrar o fato;

d) O concurso do MPF exige caneta esferográfica de tinta indelével (que não se pode apagar) nas cores azul ou preta. A Resolução prevê que se não utilizar este tipo de caneta e cores, isso "poderá acarretar a não leitura automatizada do cartão de respostas, com a consequente perda dos pontos referentes às questões não lidas, não podendo o candidato alegar o desconhecimento desta norma". Importante levar mais de uma caneta, para qualquer imprevisto. Diria que 3 canetas é um bom número (testando antes o funcionamento de todas);

e) alimentos e água: importante levar uma quantidade moderada de alimento e água. Este dia de prova é atípico, com o candidato saindo mais cedo de casa. Se o candidato puder manter sua rotina e tomar café adequadamente e como está acostumado, melhor ainda. Se não, recomendo levar alimentos e água para o local da prova, em quantidade moderada. Pode levar uma barra de cereal, chocolate ou algo para comer, que não tire a concentração sua e nem dos candidatos ao redor, que podem reclamar com embalagens "barulhentas". E não leve qualquer comida que você não esteja acostumado, seu organismo pode não recebê-la muito bem no dia da prova. Não vale a pena arriscar. E leve água também. Não deixe a água cair na sua prova, muito menos no cartão de resposta. Observe que o cartão de resposta da prova objetiva não será substituído em caso de rasura ou por qualquer outro motivo, salvo erro material em sua confecção, ficando o supervisor de sala responsável por eventual descumprimento desta norma. Assim, o cartão de resposta é de sua total responsabilidade;

f) transporte para o local: o candidato deve buscar conhecer o local de prova com antecedência e como chegar lá. Busque a melhor forma de chegar. Se for por transporte público (trem, metro, ônibus), verifique que não há qualquer solução de continuidade, como paralisações, greves etc. Se for de carro particular, estacione em um local que possa deixar com tranquilidade. Leve dinheiro extra para qualquer eventualidade como, por exemplo, seu carro der problema e você tiver que parar e chamar um táxi. Por tudo isso que não está sob seu controle, prefira sair com uma boa antecedência do horário de fechamento dos portões. Se alguém for levar você ao local de prova, peça para a pessoa não ficar esperando do lado de fora. Não é interessante ter alguém esperando. Lembre-se que, provavelmente, você utilizará todo o tempo disponível para a prova, melhor você ficar bem tranquilo e usar todo o tempo que é feito para você fazer a prova, com bastante ponderação. Por tudo isso que não está sob seu controle, prefira sair com uma boa antecedência do horário de fechamento dos portões;

g) vestimenta: Vá às provas com uma roupa bem leve. Eu gostava de ir às provas com uma camisa leve, calça jeans e tênis bem usado, daqueles que não apertem o pé. Isso vai deixar você livre para só raciocinar e se preocupar com sua prova. A Resolução do concurso já proíbe o uso de chapéu, boné, gorro ou qualquer acessório de chapelaria, além de relógio digital. Óculos escuros e protetores auriculares só podem ser utilizados por expressa determinação médica, após apreciação da Comissão Especial de Avaliação do concurso;

h) armas e/ou munição: pessoas com porte legal de armas, como policiais, têm autorização para utilizar armas e munições em locais públicos. Porém, para ingressar no local de concurso, é proibido este porte, devendo ser a guarda da arma e/ou da munição, em local externo ao da realização das provas, de responsabilidade do candidato.

i) celulares e aparelhos eletrônicos: para evitar qualquer fraude e risco de comunicação externa do candidato, a resolução prevê que terá suas provas anuladas e será automaticamente eliminado do concurso o candidato que, durante a sua realização, for surpreendido portando aparelhos eletrônicos, tais como "bip/pager, telefone celular, reprodutor analógico ou digital de áudio e vídeo (como tocador de MP3, MP4 e/ou MP5), agenda eletrônica, *notebook, netbook, tablet, leitor de livros digitais (e-reader), palmtop,* receptor, gravador, máquina de calcular, máquina fotográfica e máquina datilográfica". A Resolução também prevê que a Comissão de Concurso não se responsabilizará pela perda ou pelo extravio de objetos ou equipamentos eletrônicos ocorridos no período de realização das provas, tampouco por danos causados a esses objetos. Assim, o melhor é não levar quaisquer destes aparelhos ao local de prova. No máximo, um celular, deixando sob os cuidados da comissão da prova antes do início das provas.

8.2 NA HORA DA PROVA OBJETIVA

A prova objetiva para Procurador da República tem característica própria. São 120 questões de múltipla escolha, com 4 opções de resposta correta (A, B, C, D). A letra "E" constante na folha de resposta, deve ser marcada caso o candidato desconheça a reposta e não queira arriscar.

A Resolução do certame prevê que na correção da prova objetiva, as questões terão o mesmo valor, descontando-se o valor de uma resposta certa para cada conjunto de 4 respostas erradas, em cada parte da prova. Assim, em cada 4 respostas erradas o candidato "perde" uma questão certa. E se o candidato também deixar a questão em branco (sem marcar nem mesmo a letra "E") ou marcar questões em duplicidade (incluindo ou não a letra "E"), também terá a questão considerada errada. E, como dito, a cada 4 erradas, perde uma questão certa.

Na prova objetiva do MPF, tradicionalmente já constam algumas orientações ao candidato na capa da prova objetiva:

"Prezado(a) Candidato(a):

1. **VERIFIQUE**, com muita atenção, **este caderno de prova**, que deve conter **120 (cento e vinte) questões** de múltipla

escolha, com quatro opções de resposta. **Constatando qualquer anormalidade** (página sem impressão, página repetida, ausência de página(s), impressão defeituosa), **solicite imediatamente a substituição de seu caderno de prova.**

NÃO SERÃO ACEITAS RECLAMAÇÕES FORMULADAS APÓS O INÍCIO DA PROVA

2. PARA SEU MELHOR DESEMPENHO:

a) Procure **utilizar bem** o tempo da prova;

b) **Responda** inicialmente as questões que lhe pareçam **mais fáceis**, deixando, para o final, aquelas que requeiram maior atenção;

c) **Assinale** a alternativa escolhida **no caderno de prova**;

d) **Reveja as questões**, conferindo as respostas, **antes** de marcar a folha de resposta;

e) **Solicite ao fiscal** mais próximo a sua **folha de resposta**, para a transcrição de suas escolhas em definitivo.

NÃO HAVERÁ SUBSTITUIÇÃO DA FOLHA DE RESPOSTA;

ATENÇÃO! A FOLHA DE RESPOSTA SERÁ CORRIGIDA POR LEITURA ÓTICA, PORTANTO:

a) Marque suas respostas observando o exemplo abaixo e as instruções constantes da folha de resposta;

b) **Ao transcrever suas opções para a folha de resposta, use somente caneta de tinta indelével esferográfica nas cores azul ou preta**;

c) **Terminando de transcrever** suas opções, chame o fiscal mais próximo, **devolva-lhe o caderno de**

prova utilizado e a **folha de resposta preenchida e assinada**;

d) Para cada questão, há uma única alternativa correta;

e) **DESCONHECENDO A RESPOSTA CORRETA, É IMPRESCINDÍVEL ASSINALAR, NA FOLHA DE RESPOSTA, A ALTERNATIVA "E";**

f) **A questão deixada sem resposta ou marcada em duplicidade, incluindo ou não a alternativa "E", equivalerá a errada;**

4. LEMBRE-SE:

a) **QUATRO RESPOSTAS ERRADAS ANULAM UMA CORRETA;**

b) Deixando a questão sem resposta e assinalando a alternativa "E", você não será penalizado;

c) **A INCORREÇÃO OU RASURA NO PREENCHIMENTO DA FOLHA DE RESPOSTA PODERÁ PREJUDICÁ-LO(A).**"

Após ler todas estas orientações que estão na primeira página do caderno da prova objetiva do MPF, você começa a sua prova. O tempo que terá para responder, passar para o rascunho da folha de resposta (se quiser) e depois passar para a folha de resposta oficial, é de 5 horas. São 120 questões, divididas em 4 partes, com 30 questões cada, correspondendo cada parte a um dos grupos de disciplinas.

O tempo não é tão extenso quanto se pode imaginar. Provavelmente, você ficará até os minutos finais fazendo a prova. Além de ter as longas 120 questões, cada um dos 4 enunciados de cada questão demanda uma análise específica e individual. E guarde um tempo de pelo menos 45 minutos para passar as questões do caderno da prova ou do rascunho da folha de resposta para a folha de resposta oficial. Há casos de vários candidatos que não conseguiram ser aprovados porque não conseguiram preencher a folha de reposta oficial durante o tempo da prova. Por isso, se prepare para realmente passar as 5 horas na prova. A administração do tempo é um dos pontos fundamentais no concurso para Procurado da República.

Eu gostava sempre de fazer uma breve análise da prova, de cerca de 1 ou 2 minutos, para ter um panorama geral. Esta era a minha forma para a primeira identificação do "terreno" que iria ter que explorar nas próximas horas. Após, recomendo que o candidato analise bem o enunciado de cada questão antes de começar a responder. Há questões que exigem a alternativa **CORRETA**. Em outras, a **INCORRETA**. Há também questões que estipulam afirmações e perguntam quais os itens corretos (I e III corretos/ II e IV corretos), há outras que narram um caso e perguntam qual seria a opção correta. E todas estas formas de abordagens das questões se alternam a cada questão, o que exige o candidato sempre focar o raciocínio em cada questão para não errar por problema na interpretação do enunciado. A alternância de questões entre correta e incorreta, certo e errado, podem embaralhar as ideias na hora da prova. É aquela sensação de ler e não ver que o que é exigido é a questão incorreta, não a correta. Por isso que o treinamento prévio de resolução de provas é sempre importante, para que sua mente seja também treinada para isso.

Além disso, eu costumava fazer as questões e deixar algumas que mais tenho dúvidas para depois. As que eu tinha dúvida em marcava com uma seta ou um asterisco. Assim, identificava as questões para as quais precisava voltar. Porém, como a prova do MPF é muito extensa, a sua dúvida não pode ser na maioria das questões, sob pena de inviabilizar a prova e não ter tempo de passar para a folha de resposta oficial. Se você quiser somente responder as questões consideradas fáceis, pode terminar o caderno de prova e perceber que não respondeu nem a metade, e ficar sem tempo maior para o raciocínio das outras questões. Por isso recomendo que uma das preparações dos candidatos seja a de realizar provas anteriores e, de preferência, simulando o tempo destinado a prova.

Assim:

a) encare a prova de forma serena e respeitosa;

b) não se preocupe com os candidatos das mesas ao lado, se eles parecem ou não confiantes com a prova. Cada um se comporta de uma forma. Não é incomum aquele cheio de certezas e ensinando tudo antes da prova não conseguir aprovação, enquanto candidato mais introspectivo e com muitas dúvidas e questionamentos antes da prova obter a aprovação. Cada um tem sua forma de ser e seu momento;

c) não supervalorize a prova achando que é muito difícil pra você e que para os outros candidatos será fácil. Cada disciplina é elaborada por um examinador diferente. É comum que haja disciplinas mais fáceis que outras. E também há alteração de dificuldade dependendo do ano. A prova de direito constitucional mais fácil no último concurso não significa que teremos o mesmo nível de dificuldade este ano, por exemplo. E todos os candidatos também sentem muitas dificuldades. Não esqueça que no concurso para Procurador normalmente sobram vagas, e a maior disputa é com você mesmo;

d) não menospreze algumas questões, acreditando que são muito fáceis, deixando de ler com atenção o enunciado e todos os itens de forma cautelosa. Há questões que parecem fáceis e são mesmo. Mas há outras que induzem ao erro o candidato, e representam grande risco de erro caso não se leia com cautela;

e) utilize o tempo todo destinado à prova. Não tenha pressa, você se preparou por meses ou anos para este momento.

Para o candidato ter uma ideia, no 29 CPR, as 120 questões foram subdivididas nos 4 grupos do MPF, com as seguintes questões:

Direito Penal – 15 questões

Direito Processual Penal – 15 questões

Direito Constitucional – 10 questões

Direitos Humanos – 10 questões

Direito Eleitoral – 10 questões

Direito Processual Civil – 10 questões

Direito Civil – 10 questões

Direito Tributário – 8 questões

Direito Internacional Público – 6 questões

Direito Econômico – 6 questões

Direito Ambiental – 5 questões

Direito Administrativo – 5 questões

Direito do Consumidor – 4 questões

Direito Internacional Privado – 4 questões

Direito Financeiro – 2 questões

No 28 CPR a divisão ficou desta forma:

Direito Penal – 15 questões

Direito Processual Penal – 15 questões

Direito Constitucional – 11 questões

Direitos Humanos – 10 questões

Direito Eleitoral – 10 questões

Direito Processual Civil – 10 questões

Direito Civil – 9 questões

Direito Internacional Público – 8 questões

Direito Tributário – 7 questões

Direito Econômico – 5 questões

Direito do Consumidor – 4 questões

Direito Ambiental – 4 questões

Direito Administrativo – 3 questões

Direito Internacional Privado – 2 questões

Direito Financeiro – 2 questões

Legislação Federal – 2 questões

Legislação específica do MP – 1 questão

Controle Externo – 1 questão

Direito Comercial – 1 questão

Já no 27 CPR, as questões foram exigidas no seguinte sentido:

Direito Penal – 16 questões

Direito Processual Penal – 14 questões

Direito Constitucional – 11 questões

Direitos Humanos – 10 questões

Direito Eleitoral – 10 questões

Direito Civil – 10 questões

Direito Processual Civil – 10 questões

Direito Administrativo – 7 questões

Direito Tributário – 7 questões

Direito Internacional Público – 6 questões

Direito do Consumidor – 5 questões

Direito Ambiental – 4 questões

Direito Internacional Privado – 4 questões

Direito Financeiro – 3 questões

Direito Econômico – 3 questões

Tais números demonstram que há certa constância na divisão das questões de cada disciplina a cada ano. Porém, só a análise dos quadros não basta para se planejar quais disciplinas estudar mais, já que é necessário se obter o mínimo de 50% dos pontos em cada grupo de disciplinas de matérias objetivas, sob pena de eliminação.

Assim, não adianta o candidato obter um número expressivo de acertos no grupo 4, por exemplo, nas disciplinas penal e processo penal, mas não conseguir o mínimo de 50% dos pontos no grupo 3, por exemplo, com as disciplinas de Direito Econômico/Consumidor, Civil e Processo Civil.

Além de fazer 50% dos pontos em cada um dos grupos, é necessário que o candidato obtenha pontuação que o classifique entre os 200 candidatos com as maiores notas (excluídos deste limite os inscritos como candidatos com deficiência e os beneficiados por decisão judicial não relacionada à inscrição preliminar), sendo que todos empatados no último lugar da classificação serão admitidos à segunda fase.

8.3 NA HORA DAS PROVAS SUBJETIVAS

As provas subjetivas são realizadas em 4 dias consecutivos, com a duração de 4 horas para cada prova.

A cada dia, é realizada a prova subjetiva referente a cada um do grupo de disciplinas:

GRUPO 1: Direito Constitucional e Metodologia Jurídica/ Proteção Internacional de Direitos Humanos/Direito Eleitoral

GRUPO 2: Direito Administrativo e Direito Ambiental/ Direito Tributário e Direito Financeiro/ Direito Internacional Público e Direito Internacional Privado

GRUPO 3: Direito Econômico e Direito do Consumidor/ Direito Civil e Direito Processual Civil

GRUPO 4: Direito Penal/ Direito Processual Penal

As provas subjetivas de cada um dos grupos possuem duas partes

A **primeira parte** de cada grupo **vale 40 (quarenta) pontos**, está reservada à redação de texto consistente numa das seguintes hipóteses:

a) ato de instauração de ação cível ou penal;

b) parecer, recurso ou peça aplicável a procedimento judicial; e

c) dissertação sobre instituto jurídico correlato a uma ou mais disciplinas de um mesmo grupo.

A **segunda parte** de cada grupo **vale 60 (sessenta) pontos**, e será composta de 6 (seis) questões dissertativas, distribuídas entre as disciplinas que integram cada um dos grupos.

Conforme a Resolução do concurso, "a Comissão de Concurso, a seu critério, poderá, em todas as provas subjetivas ou apenas em algumas disciplinas, limitar o número de linhas das respostas tanto da primeira quanto da segunda parte das provas. O teor da resposta que exceder ao número de linhas fixado não será considerado, para fins de avaliação, em hipótese alguma". Assim, sempre fundamental o candidato ler em cada uma das questões se há limites de linhas para responder às questões.

Consultas nas provas subjetivas: Diferente das provas objetivas, nas provas subjetivas é permitida a consulta de certos diplomas normativos. Por isso, é importante o candidato realizar uma estratégia de estudo sabendo que poderá contar em consultar a letra da lei e de pactos, tratados, convenções etc. Porém, saberá que precisa ter lido todos estes diplomas normativos antes, caso contrário poderá não ter tempo suficiente para procurar nas centenas de páginas que terá para consulta e responder às questões no tempo permitido.

Pelo texto da Resolução do concurso que vincula a todos, nas provas subjetivas, somente é admitida a consulta a diplomas normativos quando os textos estiverem desacompanhados de anotações, instruções, comentários, exposição de motivos, transcrições e orientações jurisprudenciais, súmulas ou resoluções dos tribunais, do CONAMA, do CADE, do CNMP, do CNJ, do CONARE e de qualquer outro órgão da administração pública, devendo os candidatos trazerem os textos de consulta com as partes não permitidas já isoladas, por grampo ou fita adesiva, de modo a impedir sua utilização, sob pena de não poder consultá-los.

É permitida a consulta à legislação obtida na internet, ou de forma avulsa, impressa ou copiada em apenas uma face, até o máximo de 20 (vinte) folhas. Assim, o candidato deve condensar tal informação neste espaço de 20 folhas.

Para a prova subjetiva também é facultada a consulta a protocolos, pactos, tratados, resoluções e convenções e demais normas de direito internacional, sendo nesta única hipótese, admitida a utilização de normas em espanhol. Se tal material for impresso da internet, precisa estar dentro do limite das 20 folhas, que é o limite geral para todos os materiais retiradas das internet ou impresso de algum modo.

Vale ressaltar que caso o candidato esteja, durante a prova, com material que não seja permitido, como parte de doutrina ou legislação comentada impressa, o candidato fica automaticamente eliminado do concurso.

Nas respostas das provas subjetivas, busque responder ao que é perguntado. Verifique se você aborda realmente os pontos que são indicados pelo examinador. Não fuja da resposta, indicando pontos que não são pertinentes às questões.

É natural que possam aparecer diversas ideias ao mesmo tempo e de forma desconexas inicialmente. E é bom que todas estas ideias apareçam, resultado de muito tempo de preparação e dedicação ao concurso. Isso é o *brainstorm*, literalmente uma "tempestade cerebral", tendo mais sentido a tradução por tempestade de ideias. Costumava anotar todos os princípios, conceitos, características, súmulas, e exemplos que me vinham à cabeça quando ocorria isso. Anote as palavras em tópicos, para que as ideias comecem a tomar forma.

Após, faça uma seleção dos temas e assuntos importantes, para que você pode escrever sua resposta de forma ordenada.

Não perca tempo e espaço de resposta com temas fora do contexto.

Imagine você que o examinador que corrigirá sua prova terá pelo menos outras 200 provas para corrigir. E que este examinador tem diversas outras atribuições profissionais e pessoais. Ele pode estar cansado para corrigir tantas provas, de repente a sua prova é a primeira das 200. Mas pode ser a última...

Assim, seja claro, objetivo e assertivo em suas respostas. Capriche na sua letra, mesmo que a sua não seja uma letra perfeita, escreva de forma legível e que convide o examinador a ler de boa vontade seu texto. Se ele não entender, certamente vai considerar errado. A própria Resolução do concurso estipula que cabe ao candidato "redigir suas respostas com letra legível, a ser aferida pela Comissão de Concurso, sob pena de desclassificação e não correção de suas provas".

Faça com que o examinador encontre exatamente o que deve ser respondido de uma forma fácil e mais completa possível. Evite respostas confusas, com frases em ordem invertidas ou com o ponto mais importante no final da frase.

Faça resposta com:

a) introdução da temática;

b) desenvolvimento da ideia, indicando os fundamentos, princípios, conceitos, palavras-chaves. Aqueles termos utilizados na jurisprudência sobre o assunto, aquela classificação em específico. Aquele exemplo clássico da doutrina que você tanto leu. Aquele argumento decorado de tanto ler de livros de doutrina. Aquela súmula do STF/STJ que cai como uma luva no caso concreto. Tudo isso pode ajudar na resposta completa, condensando as informações e criando um texto com conexo e objetivo;

c) conclusão, com breve resumo do que foi explicado, indicando sua opinião no caso (se for pertinente naquele caso).

8.4 NA HORA DA PROVA ORAL

O dia da prova oral do MPF é o dia que você vai ver o resultado do seu trabalho, das etapas superadas e de todo o estudo que você teve. O candidato que chega neste momento sabe muito de muita coisa, apesar de sempre ter a sensação que pouco sabe. A frase "só sei que nada sei", do filósofo Sócrates, cabe bem a como o candidato se sente. Mas este candidato já acumulou muito conhecimento e está preparado para o momento.

Pelos editais do MPF, "as provas orais efetivar-se-ão com arguição do candidato por um ou mais dos membros da Comissão de Concurso, titulares e/ou suplentes, sobre os temas contemplados no ponto sorteado, em cada disciplina, e serão registradas em gravação de áudio ou por qualquer outro meio que possibilite a sua posterior reprodução".

Também é previsto que na arguição oral do candidato, a Comissão de Concurso avaliará o domínio do conhecimento jurídico, a adequação da linguagem, a articulação do raciocínio, a capacidade de argumentação e o uso correto do vernáculo.

Normalmente os candidatos que são aprovados já mantém comunicação após a aprovação nas provas subjetivas. Alguns chegam alguns dias antes da prova (o que é bom para se adaptar à cidade de Brasília). Assim, vão mantendo contato entre si e conversando sobre as provas. Muitas vezes ficam no mesmo hotel. No caso do nosso concurso, ficamos em 2 hotéis e próximos. O que faz com que os candidatos conversem entre si, saiam para almoçar, estudem os detalhes finais juntos. Isso é muito bom, já que aproxima todos. Mas também é importante não cair no "nervosismo" e excesso de ansiedade que alguns candidatos apresentam, sempre achando que não sabem de nada e só trazendo os problemas das preparações nesta última hora.

Mas em geral, a aproximação é muito boa. Mas não se esqueça de evitar excessos nestes últimos dias. Não coma alimentos que não conhece, evite comer muito. Evite álcool. Da mesma forma, evite substâncias medicamentosas que não conheça. Nas vésperas da prova oral, o momento não é de inovar, mas sim de manter sua rotina.

As provas orais são divididas em dias. Algumas vezes são 3 ou 4 dias de provas. No 28 CPR foram 5 dias. O edital para o 29 CPR também prevê a duração de 5 dias para as provas orais, mas ao final as provas orais ficaram concentradas em 3 dias (25 a 27/11/2018). Os candidatos são divididos em grupos. Cada um com data e hora para começar. A divisão tradicionalmente é por ordem alfabética. Assim, se seu nome começar com a letra

"A", como o meu, você será um dos primeiros. Se sua letra for do final do alfabeto, ficará por último.

Ser o primeiro ou ficar para depois tem suas vantagens e desvantagens. A vantagem de começar primeiro é que o candidato não tem muito tempo de ficar ansioso. Chega logo e faz sua prova, conclui logo sua etapa, muitas vezes até com mais segurança. A desvantagem é que não tem a possibilidade de ver as provas orais anteriores. Quem fica por último tem a vantagem de observar todas as provas orais anteriores (e perceber que não existem grandes mistérios nesta etapa), mas tem que ter a cautela de não ter ressaltados só os problemas dos outros candidatos e suas dúvidas.

Na prova oral, a convocação prevê que na "impossibilidade de arguição de todos os candidatos nos dias e turnos estabelecidos neste edital, os remanescentes serão submetidos à comissão examinadora nos turnos subsequentes". Isso não significa que o candidato poderá faltar o dia da sua prova oral, mas que se houver algum contratempo, o candidato poderá ter que esperar o dia subsequente para a realização da sua prova. Ocorre algumas vezes que os examinadores têm algum problema em suas extensas agendas profissionais, aparecendo algo de urgência naquela semana de provas orais, o que impõe uma alteração de turno ou de dia da prova oral.

Na prova oral do MPF, o candidato senta à frente do examinador, em uma cadeira, de forma individual. Só ficam o examinador e o candidato. As provas são diferentes das Magistraturas e de Ministérios Públicos de Estados, onde o candidato fica em um púlpito falando para diversos examinadores. E conforme o edital, o candidato será avaliado sobre os temas contemplados no ponto sorteado, em cada disciplina. Assim, a primeira disciplina pode ser direito constitucional, e um dos pontos (cada qual, com 3 itens diversos), será sorteado. Às vezes o examinador faz uma pergunta específica sobre aquele tema, às vezes pede para discorrer sobre o assunto. Siga sempre o solicitado. As provas serão registradas em gravação de áudio ou por qualquer outro meio que possibilite a sua posterior reprodução, o que permite consulta para eventual recurso. Mas não pense nisso agora.

No meu caso, fui o primeiro a ser ouvido na prova oral. Não conhecia ainda os métodos da prova oral, e fui logo "batizado" com o primeiro examinador, o então Procurador-Geral da República Antônio Fernando de Souza. Tive a tranquilidade de ser inquirido de forma tranquila e serena pelo PGR. Inicialmente, me perguntou qual meu Estado de origem, se conhecia os Procuradores que trabalhavam lá etc. Perguntas amenas, que permitiram me tranquilizar ainda mais e me deixar mais à vontade para poder responder.

Depois do PGR, fui inquirido pelos demais examinadores, sempre com muita cordialidade. Frise-se que a cordialidade e respeito que os examinadores tratam os candidatos não significam que aceitarão respostas incorretas ou pela metade. Todos os erros serão devidamente valorados. O candidato não deve imaginar que o bom tratamento pelos examinadores possam impedir um controle e a necessidade de um máximo de acerto das respostas. O tratamento em geral dos examinadores lhe deixará tranquilo, mas não deixe que isso retire sua concentração para este momento: você está lá para ser testado.

As inquirições dos candidatos não são feitas em ordem de disciplina. O candidato vai ser inquirido na medida em que o examinador fique livre. Desta forma, pode começar com direito constitucional, indo para direito penal e depois para direito civil. No final, todas as disciplinas serão objeto de inquirição.

Para o momento da prova oral eu diria o seguinte:

a) postura ereta e altiva, mas sem demonstrar soberba ou excesso de autoconfiança. Você estará sendo avaliado por alguém que não conhece seu histórico de vida. As primeiras impressões na prova oral são importantes para os examinadores;

b) se for questionado de seu histórico de estágios e experiências profissionais, ressalte seus trabalhos, onde pode colaborar, sua função social cumprida. Não menospreze seu passado, não diminua a importância de suas funções nem resolva criticar ou reclamar de antigos ou atuais chefes. Mas também não queira demonstrar fatos heroicos de sua experiência profissional. O momento não é para isso. Se o examinador perguntou é porque tem interesse sincero em sua experiência e quis "puxar conversa" para aproximar os candidatos e permitir que sua prova oral flua melhor;

c) esteja presente com roupa discreta e condizente com o espaço. Homens de terno e gravata discretos. Veja se o terno e a camisa estão de acordo com o seu corpo atual. Se precisar, compre uma camisa um pouco maior, para o botão não ficar "apertando" no pescoço, por exemplo. Para mulheres, acredito que seja adequado o terninho sem exageros, com a saia à altura do joelho, ou uma calça social, que a candidata pode estar mais acostumada. Uma maquiagem discreta e adequada ao momento (a prova é de manhã ou de tarde) também pode ser utilizada. Não é o momento para inovar e querer aparecer mais do que os outros. A prova oral é um momento de teste, que deve ser encarado com respeito e serenidade. Não queira chamar atenção, nem de forma negativa nem de forma positiva. O melhor neste momento é a discrição;

d) se você utilizar óculos, leve os óculos normalmente. Se utilizar lente de contato, leve também os óculos e deixe em sua pasta ou no seu bolso. Imagine se seus olhos apresentam alguma irritação na hora, ou simplesmente sua lente cai ao coçar os olhos. Não é exagero, mas tudo pode acontecer, e se você tiver seu óculos com você a chance de qualquer imprevisto ocorrer será bem menor. A Lei de Murphy (que diz que se alguma coisa poderá dar errado, dará) tem mais chances de ocorrer com o candidato que não esteja preparado;

e) o examinador não é seu colega ou amigo. Como falei, após o resultado na aprovação e dentro da casa, vocês podem até se tornar grandes amigos e parceiros de trabalho. Mas no momento da prova, o espaço é para respeito e obediência às questões que são selecionadas, para a melhor resposta possível. Não trate sobre assuntos alheios à prova, a menos que o examinador lhe pergunte. Não tente demonstrar uma amizade e uma aproximação inexistente com o examinador. O fato de você já ter sido aluno dele, conhecer algum amigo do examinador ou ter algo em comum com ele não fará sua prova melhor ou pior. Se for perguntado, responda exatamente o que foi questionado. Isso não significa que você está nervoso ou tenso. O cumprimento destes pontos e a melhor resposta que esteja dentro do que foi questionado lhe trará mais tranquilidade e confiança para a continuidade das provas.

Há cursos *on-line* que permitem uma preparação maior para as provas.

9

PROVA DE TÍTULOS

O critério da prova de títulos para o concurso de Procurador da República já está previamente estabelecido, e deve ser repetido para os próximos concursos.

Assim, o candidato pode verificar quais títulos ele já possui e quais pode obter para melhorar sua nota e classificação.

Vale registrar que **a prova de título no MPF é meramente classificatória**, e só chega à etapa de aferição dos títulos os candidatos aprovados nas provas objetivas, subjetivas e orais.

Ninguém fica eliminado na prova de títulos, mesmo se não tiver qualquer pontuação, mas os títulos podem servir para o candidato ficar com uma melhor ou pior posição no certame, ou seja, conseguindo uma melhor ou pior lotação inicial na carreira, e maior facilidade para remoções futuras.

Os critérios previstos para que os títulos sejam admitidos (conforme Resolução nº 169/2016) são os seguintes:

> "I – produção de autoria individual, no âmbito da ciência jurídica, em obra coletiva, ou livro, desde que, em ambos os casos, a editora possua conselho editorial e a publicação tenha ocorrido após a conclusão do curso de bacharelado em Direito;

II – artigo em revista jurídica especializada, cadastrada no ISBN e com conceito, no mínimo, B no sistema de classificação Qualis da Coordenação de Aperfeiçoamento de Pessoal de Nível Superior – CAPES, cuja publicação tenha ocorrido após a conclusão do curso de bacharelado em Direito;

III – diploma de Mestre ou Doutor em Direito, devidamente registrado e, se obtido no exterior, revalidado junto ao órgão competente;

IV – certidão ou diploma de realização de cursos de pós-graduação em Direito, concluídos com aprovação, ministrados pelas Escolas do Ministério Público, da Magistratura e da Ordem dos Advogados do Brasil, bem como os cursos de pós-graduação em Direito reconhecidos, autorizados ou supervisionados pelo Ministério da Educação ou pelo órgão competente, com carga horária, de no mínimo de 360 horas/aulas, cumpridas integralmente após a conclusão do curso de bacharel em Direito;

V – efetivo exercício de magistério superior em disciplina da ciência jurídica, com recrutamento realizado mediante processo seletivo formal, em instituição de ensino superior pública ou reconhecida;

VI – exercício em cargo ou função técnico-jurídica, privativo de bacharel em Direito, em órgãos do Ministério Público, do Judiciário, do Legislativo e do Executivo;

VII – exercício da advocacia;

VIII – aprovação em concurso público privativo de bacharel em Direito, devidamente homologado.

§ 1º – Não são computáveis como títulos, entre outros:

I – o desempenho de função eletiva ou qualquer outro cargo público discriminados neste artigo;

II – atividades de extensão universitária, programas ou excursões culturais;

III – atestados de capacidade técnico-jurídica ou de boa conduta profissional;

IV – certificados de participação em congressos ou seminários;

V-trabalhos forenses (sentenças, pareceres, razões de recursos etc.);

VI – a aprovação na prova realizada pela Ordem dos Advogados do Brasil para fins de inscrição naquela entidade;

VII – exercício de cargo em comissão, decorrente do exercício de um cargo efetivo já considerado;

VIII – exercício de cargos não privativos de Bacharel em Direito;

IX – a aprovação em concurso público cujo resultado ainda não tenha sido homologado;

X – a aprovação em concursos destinados à seleção para doutorado, mestrado e outros cursos;

XI – cursos de pós-graduação, Mestrado ou Doutorado realizados no exterior, sem a respectiva revalidação do diploma".

E para a demonstração do exercício da advocacia a Resolução prevê que não basta a mera inscrição na Ordem dos Advogados do Brasil, mas que deve ser feita por meio da apresentação anual mínima de 5 atos privativos de advogado, em causas ou questões distintas (comprovação esta que deverá ser feita por meio de petições protocolizadas ou por certidão de cartórios e secretarias), sendo vedada a contagem de tempo de estágio.

Abaixo, seguem os critérios de pontuação de títulos, conforme Edital do 29 CPR:

CRITÉRIOS DE PONTUAÇÃO DE TÍTULOS

I. PRODUÇÃO CULTURAL DE AUTORIA INDIVIDUAL, NO ÂMBITO DA CIÊNCIA JURÍDICA, PRODUZIDAS APÓS CONCLUSÃO DO BACHARELADO EM DIREITO

1. Produção de autoria individual, no âmbito da ciência jurídica, em obra coletiva, ou livro, desde que, em ambos os casos, a editora possua conselho editorial e a publicação tenha ocorrido após a conclusão do curso de bacharelado em Direito: 5 (cinco) pontos por trabalho até o máximo de 15 pontos.

2. Artigo em revista jurídica especializada, cadastrada no ISBN e com conceito, no mínimo, B no sistema de classificação Qualis

da Coordenação de Aperfeiçoamento de Pessoal de Nível Superior – CAPES, cuja publicação tenha ocorrido após a conclusão do curso de bacharelado em Direito: 2 (dois) pontos por trabalho até o máximo de 6 pontos.

I. MESTRADO E DOUTORADO EM DIREITO

1. Diploma de Mestre em Direito devidamente registrado: 10 (dez) pontos
2. Diploma de Doutor em Direito devidamente registrado: 15 (quinze) pontos
3. Doutorado ou Mestrado, concluída a carga horária, com a apresentação da tese ou dissertação, sem a expedição e/ou registro do diploma: 12 pontos para o doutorado e 7 (sete) pontos para o mestrado.

II. CURSOS DE ESPECIALIZAÇÃO

1. Cursos de especialização em Direito promovidos por Escolas do Ministério Público e da Magistratura: 5 (cinco) pontos.
2. Doutorado ou Mestrado em direito, concluída a carga horária sem a apresentação da tese ou dissertação: 5 (cinco) pontos.
3. Outros cursos de especialização em Direito (pós-graduação): 3 (três) pontos.

III. CONCURSO PARA O MAGISTÉRIO SUPERIOR EM DISCIPLINA DA ÁREA JURÍDICA

1. Concurso Público: 4 (quatro) pontos cada um, até o máximo de 12 (doze) pontos.
2. Seleção Simplificada: 2 (dois) pontos cada um, até o máximo de 6 (seis) pontos.

IV. EXERCÍCIO DO MAGISTÉRIO SUPERIOR EM DISCIPLINA DA ÁREA JURÍDICA

1. Exercício em carreira do magistério superior: 2 (dois) pontos por cada período mínimo de 6 (seis) meses até o limite máximo de 10 pontos.

2. Exercício sem carreira do magistério superior: 1 (um) ponto por cada período mínimo de 6 (seis) meses até o limite máximo de 5 (cinco) pontos.

V. EXERCÍCIO DE CARGO OU FUNÇÃO TÉCNICO-JURÍDICA PRIVATIVO DE BACHAREL EM DIREITO EM ÓRGÃOS DO MINISTÉRIO PÚBLICO, DO JUDICIÁRIO, DO LEGISLATIVO E DO EXECUTIVO

1. Membro do Ministério Público, inclusive Procurador do Ministério Público junto ao Tribunal de Contas da União, e Magistratura da União, dos Estados e do Distrito Federal: 3 (três) pontos por cada período mínimo de 6 (seis) meses até o limite máximo de 15 pontos neste item.

2. Advocacia pública exercida após aprovação em concurso público em órgãos públicos federal, estadual ou municipal (administração direta), Defensor Público, Delegado e Advocacia privada (exercício comprovado segundo o art. 58, § 2º, do Regulamento): 2 (dois) pontos por cada período mínimo de 6 (seis) meses até o limite máximo de 10 pontos neste item.

3. Outros cargos privativos de Bacharel em Direito: 1 (um) ponto por cada período mínimo de 6 (seis) meses até o limite máximo de 5 (cinco) pontos neste item.

VI. APROVAÇÃO EM CONCURSO PÚBLICO PRIVATIVO DE BACHAREL EM DIREITO

1.1. Membro do Ministério Público, inclusive Procurador do Ministério Público junto ao Tribunal de Contas da União, e Magistratura da União, dos Estados e do Distrito Federal: 5 (cinco) pontos por cada concurso, até o máximo de 15 (quinze) pontos neste item.

2.2. Advocacia pública exercida junto a Órgãos públicos federal, estadual ou municipal (ad- ministração direta), Delegado e Defensor Público: 3 (três) pontos por cada concurso, até o máximo de 9 (nove) pontos neste item.

3.3. Outros cargos privativos de Bacharel em Direito: 2 (dois) pontos por cada concurso, até o máximo de 6 (seis) pontos

> neste item. VII Os títulos serão apreciados em seu conjunto pela Comissão de Concurso, tendo 50 (cinquenta) como nota máxima, independentemente da quantidade de títulos apresentados, nos termos do art. 59 da Resolução CSMPF nº 169/2016 (Resolução do 29 CPR)".

Assim, se o candidato tiver títulos é importante para mudar sua classificação em caso de aprovação em todas as etapas. Mas os títulos, por si só, não afetarão em nada a aprovação do candidato, até mesmo porque para o concurso de Procurador da República sobram vagas. Todos que conseguem a aprovação nas provas objetivas, subjetivas e orais obtêm aprovação e nomeação para o cargo.

Cada um faz sua escolha e estratégia de estudo. No meu caso, preferi desde a faculdade focar logo para o estudo e aprovação em concurso público, estudando as matérias e livros direcionados ao concurso.

Há candidatos que fazem outras escolhas, começam advogando, preferem realizar especializações, mestrados, exercer o magistério superior etc. São excelentes opções de vida. Mas em relação às disciplinas específicas para o concurso, por exemplo, pode mudar um pouco o foco. No mestrado em Direito, por exemplo, a regra é que o candidato não estude a disciplina tradicional, letras de lei. O estudo de mestrados e doutorados tem por finalidade estudar os princípios, filosofias, bases teóricas, questionando propriamente o direito posto e discutindo novas possibilidades de abordagens e interpretações, sugerindo soluções inovadoras para o direito.

O candidato que consegue unir os conhecimentos acadêmicos de mestrado e doutorado, e mais ainda o conhecimento das disciplinas jurídicas e sua jurisprudência, de fato terá um excelente diferencial para a aprovação. Porém, é complexo e muitas vezes demorado obter conhecimento aprofundado na área acadêmica e obter aprovação neste concurso, um dos mais difíceis do país.

Uma especialização *stricto sensu*, que o candidato faz para se aperfeiçoar em determinada matéria, é uma boa solução, caso queira continuar os estudos de forma sistematizada após a graduação, e obter títulos. Para obter o título, é necessário que seja curso de pós-graduação em Direito reconhecido, autorizado ou supervisionado pelo Ministério da Educação ou pelo órgão competente, com toda a carga horária cumprida após a conclusão do curso de bacharel em Direito. Assim, importante o estudante se certificar de que o curso de pós-graduação preenche este critério para que não perca tempo e dinheiro em um curso que não tenha a chancela do Ministério da Educação.

Se tal especialização for realizada em Escolas do Ministério Público ou da Magistratura, a pontuação é ainda maior.

10

EXAMES MÉDICOS

No momento da prova oral, para os bravos candidatos que conseguirem chegar a esta etapa, serão exigidos os exames médicos e laboratoriais.

Os editais do MPF preveem que os candidatos, nos dias em que se submeterem às provas orais, serão também submetidos a exame de higidez física e mental com o objetivo de aferir se as condições físicas e psíquicas são adequadas ao exercício das atividades inerentes ao cargo. Certamente, a etapa mais fácil do concurso.

O local, horário e demais condições para realização dos exames previstos neste artigo serão objeto de instruções complementares, baixadas pelo Procurador-Geral da República. E lembre-se que os candidatos que não se submeterem ao exame de higidez física e mental no momento determinado no edital de convocação para a sua realização serão eliminados do concurso. Não serão nomeados os candidatos considerados inaptos para o exercício do cargo nos exames de higidez física e mental (art. 191, LC nº 75/93). Tal previsão não deve ser confundida com o impedimento de convocação de candidatos com deficiência. É claro que o concurso do MPF respeita a lei e reserva 10% das vagas para candidatos com deficiência, e tais candidatos serão aprovados e convocados, caso consigam o percentual exigido nas provas.

11

VAGAS RESERVADAS A CANDIDATOS COM DEFICIÊNCIA

O MPF garante a participação das pessoas com deficiência em concursos para diversos órgãos públicos, visto que há necessidade de adaptação das provas para pessoas nessas condições. Acima de tudo, o MPF também deve cumprir tais questões em sua própria prova de Procurador da República.

Neste sentido, há a previsão de que as pessoas com deficiência que, sob as penas da lei, declararem tal condição, no momento da inscrição no concurso, terão reservados 10 % (dez por cento) do total das vagas, arredondado para o número inteiro seguinte, caso fracionário, o resultado da aplicação do percentual indicado.

Consideram-se deficiências para o MPF aquelas conceituadas na medicina especializada, de acordo com os padrões mundialmente estabelecidos, e que constituam motivo de acentuado grau de dificuldade para a integração social.

Os candidatos com deficiência concorrerão a todas as vagas oferecidas, somente utilizando-se das vagas reservadas quando, tendo sido aprovados, for insuficiente a classificação obtida no quadro geral de candidatos para habilitá-los à nomeação.

A Resolução prevê que, nesta hipótese, o interessado deverá, necessária e obrigatoriamente, juntar ao requerimento de inscrição preliminar relatório médico detalhado, emitido, no máximo, 30 (trinta) dias antes da data da publicação do edital de abertura do concurso, que indique a espécie e o grau ou nível da deficiência de que é portador, com expressa referência ao código correspondente da Classificação Internacional de Doenças (CID) e à sua provável causa ou origem.

Também é disposto que "na falta do relatório médico ou não contendo este as informações indicadas, o requerimento de inscrição preliminar será processado como de candidato sem deficiência mesmo que declarada tal condição".

Pela necessidade de adaptar a prova às deficiências de cada pessoa, é estipulado que os candidatos cuja deficiência, pela natureza das dificuldades dela resultantes, justifique a ampliação do tempo de duração das provas, deverão, necessariamente no ato da respectiva inscrição preliminar, formular, juntando parecer de médico especialista na deficiência, requerimento que será apreciado pelo Procurador-Geral da República, ouvida a Comissão Especial de Avaliação.

Para que tal acesso seja devidamente cumprido, o MPF prevê que devem ser adotadas todas as providências que se façam necessárias a permitir o fácil acesso de candidatos com deficiência aos locais de realização das provas, sendo de sua responsabilidade levar os equipamentos e instrumentos imprescindíveis à feitura das provas, previamente autorizados pelo Procurador-Geral da República ou a quem ele delegar.

Em caso de necessidade e deferimento, poderá haver ampliação do tempo de duração das provas será de até 60 (sessenta) minutos na prova objetiva e nas provas subjetivas.

Em caso de deficiência visual e necessidade para o caso, o candidato poderá solicitar à Comissão Especial de Avaliação que a sua prova seja impressa com fonte "Arial" ampliada para tamanho 18, mediante apresentação de relatório mediante apresentação de relatório médico que indique a sua necessidade.

A Comissão Especial de Avaliação poderá autorizar, em casos excepcionais, devidamente justificados, que o candidato utilize microcomputador para a realização das provas subjetivas, devendo o pedido ser apresentado até o último dia das inscrições no concurso, sob pena de não conhecimento.

Nas provas subjetivas o microcomputador só terá instalado o sistema operacional; software simples de edição de texto, a exemplo do Word Pad (@microsoft), para anotação e elaboração das respostas; software NVDA, com a voz Heloísa (@microsoft). A prova será disponibilizada em formato PDF.

Também é garantido no concurso para Procurador da República que o candidato com deficiência que o impossibilite de manusear o caderno de provas e de preencher a respectiva folha de respostas prestará as provas escritas isoladamente, em sala previamente designada pela Subcomissão Estadual.

Nestes casos de deficiência, há previsão de que o candidato será assistido por 3 (três) fiscais durante a realização das provas, que lhe prestarão o auxílio necessário, consistente em:

a) manuseio e, se necessário, leitura das questões objetivas, assinalando na folha de respostas a alternativa indicada pelo candidato;

b) manuseio e, se necessário, leitura das questões subjetivas, transcrevendo à mão, em letra legível, a resposta dada pelo candidato;

c) manuseio e, se necessário, leitura da legislação admitida no concurso, por solicitação do candidato.

E para não haver qualquer ingerência de terceiros nas provas, é previsto que somente terá acesso à sala de realização de prova o candidato, não sendo admitido o ingresso de parente, ajudante ou guia.

Para garantir que não haja qualquer problema na prova e para permitir que haja alguma eventual conferência de segurança nas provas, é previsto que os fiscais, utilizando-se de equipamento de áudio ou áudio e vídeo, procederão à gravação integral da prova, inclusive da leitura e resposta das questões objetivas, da leitura e resposta da parte subjetiva e dos textos legais solicitados pelo candidato.

Também fica previsto que, após encerrada a prova, o material que contenha a íntegra da gravação deverá ser acondicionado em envelope lacrado e rubricado por Membro da Subcomissão Estadual e remetido, com os demais documentos, à Secretaria de Concursos.

Antes do deferimento das respectivas inscrições definitivas, os candidatos ao concurso do MPF com deficiência habilitados nas provas escritas são submetidos à Comissão Especial de Avaliação, que opinará quanto à existência e relevância da deficiência.

Se houver dúvida quanto à deficiência avaliada, a Comissão Especial de Avaliação poderá solicitar parecer de profissionais capacitados na área da deficiência que estiver sendo avaliada ou, de antemão, indicar o aludido profissional para, desde o início, participar dos trabalhos, sem direito a voto.

Se a Comissão Especial de Avaliação concluir pela inexistência da deficiência ou por sua irrelevância para habilitar o candidato a concorrer às vagas reservadas, a inscrição definitiva será deferida, pelo Secretário de Concursos. Mas o candidato concorrerá como de candidato não portador de deficiência, não concorrendo às vagas reservadas, mas sim à concorrência geral.

As prerrogativas expressamente trazidas, como de acompanhante, aumento do tamanho da letra e aumento do tempo para realizar a prova, em alguns casos, os candidatos com deficiência participarão do concurso em igualdade de condições com os demais candidatos no que tange ao horário de início, ao local de aplicação, ao conteúdo, à correção das provas, aos critérios de aprovação, ao posicionamento na classificação geral para fins de escolha das vagas de lotação e de antiguidade na carreira e a todas as demais normas de regência do concurso.

Se as vagas para candidatos com deficiência não forem preenchidas, poderão sê-las pelos demais candidatos habilitados, com a estrita observância da ordem de classificação do concurso.

E vale observar que por uma consequência lógica, também é previsto no próprio edital, e assim o candidato fica vinculado já no seu ingresso na carreira, de que a deficiência de que for portador o candidato ao ingressar na carreira do Ministério Público, independentemente do grau, não poderá ser invocada como causa de aposentadoria por invalidez.

No 28 CPR, a Comissão Especial de Avaliação do para ingresso na carreira do Ministério Público Federal, composta pelo Subprocurador-Geral da República ALCIDES MARTINS, que a presidirá, pelo Procurador Regional da República Blal Yassine Dalloul, pelo Procurador da República Cláudio Drewes José de Siqueira e pelos Médicos integrantes do Serviço de Assistência Médica e Social do MPF, Drs. Adérito Guedes da Cruz Filho, Eduardo Henrique Baeta e Maria Olindina Luna Brandão.

No caso do Procurador da República Cláudio Drewes, que é lotado no MPF/GO e exerce várias funções de elevada importância na instituição, sua presença na Comissão de Avaliação além de importante é exemplar. Cláudio Drewes é tetraplégico, e já entrou na carreira com esta condição, superando todas as dificuldades dos seus estudos e do concurso do MPF. O caso de

Cláudio Drewes é de motivação a todos nós. Quando aprovado, em fevereiro/2003, a história de Cláudio Drewes foi contada pelos jornais[1].

No 29 CPR, a "Comissão Especial de Avaliação do 29º Concurso Público para ingresso na carreira do Ministério Público Federal, composta pelo Subprocurador-Geral da República ALCIDES MARTINS, que a presidirá, pelos Procuradores da República FELIPE FRITZ BRAGA e UBIRATAN CAZETTA, e pelos Médicos integrantes do Serviço de Assistência Médica e Social do MPF, Drs. Adérito Guedes da Cruz Filho, Adriana Ferreira de Araújo Livtin e Washington Luiz Ferreira Dourado".

1. **Tetraplégico realiza sonho de se tornar procurador da República**
Quinze anos após ter ficado tetraplégico, Cláudio Drewes José de Siqueira, de 31 anos, realizará na segunda-feira o sonho de tomar posse como procurador da República. Ele foi classificado em 23º lugar num concurso com provas escrita e oral e do qual participaram mais de 5 mil candidatos. Na Procuradoria da República em Goiás, onde deverá trabalhar pelo menos no início, ele quer se dedicar também à defesa dos direitos dos deficientes. Ele será o primeiro procurador tetraplégico do Ministério Público Federal (MPF). Em 1988, aos 16 anos, ele perdeu os movimentos de quase todo o corpo após mergulhar em águas rasas em Brasília, onde morava. Apesar de movimentar apenas a cabeça, "quase igual ao Christopher Reeve (ator americano que ficou tetraplégico ao cair de um cavalo)", Siqueira obteve conquistas importantes. Há três anos, passou a procurador de Goiás. Na prova para a Procuradoria-Geral da República, teve apenas 30 minutos a mais que os outros candidatos. Ditou as respostas para um fiscal, fez correções e o texto foi transcrito à mão por outra pessoa já que, pelas regras, o teste tinha de ser escrito. Ele diz que não foi vítima de preconceito. "Os integrantes do MP são bem conscientes de seu papel na sociedade", afirma. Siqueira desenvolveu uma técnica para trabalhar. Usa uma espécie de capacete, com adaptação para o queixo semelhante a uma antena de televisão, com a qual consegue datilografar e folhear processos. Além de conquistar vaga no MPF, ele realizou outro sonho. Há quatro meses, nasceu Gustavo, seu primeiro filho. http://politica.estadao.com.br/noticias/geral,tetraplegico-realiza-sonho-de-se-tornar-procurador-da-republica,20030205p34583

12

AS CANDIDATAS LACTANTES

A prova do MPF também garante que as mães lactantes, nos horários previstos para a amamentação, poderão retirar-se temporariamente das salas em que realizadas as provas, para atendimento aos seus bebês em sala reservada, em que haverá no mínimo duas fiscais, sendo vedada a permanência de parentes, babás ou quaisquer outras pessoas estranhas à organização do concurso.

Para que este direito seja garantido às mães, a candidata deverá indicar esta condição na respectiva ficha de inscrição preliminar, para a adoção das providências necessárias pela organização do concurso.

O edital do concurso do MPF prevê, em casos excepcionais, a candidata lactante deverá indicar a necessidade da amamentação mediante requerimento dirigido ao Presidente da Subcomissão Estadual até 10 (dez) dias antes da realização das provas, sob pena de não conhecimento do pedido. Quando a organização do concurso não prevê tal possibilidade e não se reserva a estrutura suficiente para atender à mãe a ao bebê, resta impossibilitado que tal prerrogativa seja assegurada.

O tempo total utilizado para amamentação somente implicará acréscimo na duração fixada à realização das provas até o máximo de 30 (trinta) minutos. Fica também previsto que cabe à mãe lactante providenciar pessoa para a guarda do bebê durante todo o período de prova, que deverá encaminhá-lo à sala reservada nos horários de amamentação.

13

O DEBATE SOBRE AS COTAS RACIAIS

Nos concursos para o Ministério Público, ainda não estão em aplicação as cotas raciais. A Lei Federal nº 12.990/2014 só normatiza em relação aos provimentos de cargos e empregos no âmbito da administração pública federal, das autarquias, das fundações públicas, das empresas públicas e das sociedades de economia mista controladas pela União, órgãos que estão no âmbito normativo da iniciativa de lei pelo Poder Executivo.

Mesmo não havendo norma editada pelo CNMP que obrigue os concursos do Ministério Público a criarem as cotas em seus concursos, o Conselho permite que órgãos do MP criem as cotas em seu concurso.

Em março de 2015, o CNMP decidiu que está válida a cota de 30% dos cargos para negros e pardos no concurso do Ministério Público do Estado do Bahia, considerando "constitucional, legítima e irretocável a política de cotas raciais adotada pelo Ministério Público do Estado da Bahia[1]".

1. https://www.mpba.mp.br/noticia/29396

O debate específico das cotas para negros em concurso para Procurador da República foi feito no 29 CPR. Algum tempo depois do lançamento do edital sem a previsão das cotas (entendia a comissão de concursos do MPF que não havia ainda regulamentação cogente, já que a lei federal só tratava do Poder Executivo e não havia ainda normatização do CNMP sobre o assunto), Procuradores da República do Distrito Federal, que atuam na área de tutela coletiva, ajuizaram ação civil pública contra a União para que fosse garantida a reserva de vagas para concursos de Procurador da República.

Com base nesta ação, o Juiz Federal da 14ª Vara Federal da Seção Judiciária do Distrito Federal, deferiu medida antecipatória da tutela e, ao final, julgou parcialmente procedente os pedidos do MPF, anulando o 29° Concurso Público para provimento de cargos vago de Procurador da República, por inobservância ao disposto no parágrafo 3o do artigo 1° da Lei n° 12.990/2014, que prevê a reserva de 20% das vagas aos candidatos negros e, por consequência, tornou sem efeito os demais atos subsequentes daquele concurso. Determinou, assim, a reabertura de novo prazo para inscrições para, conforme seu entendimento, garantia das regras das cotas previstas na Lei n° 12.990/2014.

Tal medida paralisou o concurso do MPF e trouxe receio de que todos os atos fossem invalidados, já que milhares de candidatos já tinham se submetido à prova subjetiva. Havia o risco de se insistir em algum recurso judicial e o concurso se prolongar por anos. E também, por outro lado, cancelar o concurso daqueles já inscritos e com provas já realizadas traria prejuízos individuais daqueles candidatos que já gastaram tempo e dinheiro na preparação.

Após o recurso interposto da decisão do Juízo Federal, a apelação perante o TRF1, a administração do MPF propôs um TAC (termo de ajustamento de conduta) para que se tentasse resolver a questão e dar continuidade ao concurso público).

Assim, o TAC assinado e homologado perante o TRF1 continha as seguintes cláusulas:

a) "O Ministério Público da União compromete-se a abrir aos candidatos aprovados na primeira fase do 29º concurso para Procurador da República a oportunidade de se autodeclararem negros, com o propósito de cumprir o que determina a Lei nº 12.990/2014. A referida declaração será submetida a comissão de heteroverificação";

b) "O Ministério Público da União aplicará as cotas previstas na Lei nº 12.990/2014 em todos os futuros concursos públicos cujos editais de abertura forem publicados até 27 de agosto de 2026";

c) "Ficam convalidados todos os atos do referido concurso público, inclusive o Edital 14/2016, publicado no DOU, seção 3, de 29/08/2016, páginas 158 a 160, assim como a primeira etapa do certame (provas objetivas, já realizadas), desde que observadas as demais cláusulas do presente Termo de Ajustamento de Conduta".

Assim, com a homologação judicial do acordo, o concurso pode continuar, com a abertura de prazo para os candidatos se autodeclararem negros e haver o cumprimento da Lei das cotas também no certame para Procurador da República.

14

LOTAÇÕES INICIAIS E ESTRUTURA DE TRABALHO

Após a aprovação em todas as fases dos concursos e levar todos os documentos necessários, você será convocado para a posse. A posse sempre ocorre na sede da Procuradoria-Geral da República, em Brasília, e é ato realizado pelo Procurador-Geral da República (atribuição prevista no art. 49, inciso XIV, da LC nº 75/93).

Depois, o Procurador empossado participa, costumeiramente, de um curso de formação, em Brasília mesmo. Esse curso varia no formato e no tempo, mas sempre ocorre. Nessa ocasião, o Procurador recém-empossado vai conhecer como funciona a carreira, as matérias e processos mais comuns, conhecer as boas práticas de Procuradores em todo o país, aprender técnicas de negociação e mediação, ter aulas sobre como exercer da melhor forma as atribuições extrajudiciais, como reuniões, audiências públicas, recomendações. Receberá dicas de *media training*, treinamento de como se portar com a imprensa. Conhecerá as normas internas de resoluções do Conselho Superior do MPF,

Conselho Nacional do Ministério Público – CNMP e Corregedoria do MPF e CNMP.

Depois, vai assumir sua função na unidade que obteve na escolha das vagas. Os mais bem colocados têm preferência na escolha da lotação.

Ao assumir o cargo em uma PRM (Procuradoria da República no Município), unidade que fica localizada em um interior de Estado, o Procurador poderá ter colegas membros do MPF ou não. Há PRMs com um só Procurador, outras com mais. Em uma PRM com um só Procurador, haverá, em regra, a estrutura mínima de gabinete: um Analista em Direito/MPU, um técnico/MPU e dois estagiários em Direito. Além da estrutura de gabinete, haverá a estrutura administrativa, que fará o restante da unidade funcionar, recebendo e devolvendo processos, recebendo e encaminhados os Procedimentos Criminais e Inquéritos Civis, autuando os documentos e registrando no sistema de informática (denominado "Sistema Único"), encaminhando os ofícios e recebendo as respostas, juntando os documentos e certificando, atendendo ao público, dirigindo os carros da unidade para entregar ofícios, levar o membro do MPF para reuniões externas e audiências.

Enfim, a estrutura da Procuradoria é importantíssima e vai muito além do gabinete. O Procurador que assume uma unidade do interior também exercerá uma função de chefia administrativa, já que haverá uma equipe de servidores e muito trabalho para todos fazerem. E esta equipe de apoio é fundamental para que o membro do MPF possa atuar com maior ou menor eficiência. O trabalho só vai fluir se a equipe estiver "afinada", cada um fazendo a sua parte. A atividade-fim só terá sucesso se a atividade-meio for bem realizada. O trabalho é verdadeiramente em equipe. A equipe do "eu sozinho" não funciona.

Tive minha primeira lotação na PRM-Ji-Paraná/RO. Nesta, havia outra Procuradora, colega de posse, Vanessa Zago

Scarmagnani. Foi tudo mais fácil, pois dividir o trabalho e as estratégias de atuação é mais fácil que decidir e assinar as petições sozinho. Mas desde o início tive auxílio pelo telefone de muitos Procuradores conhecidos. E também pela rede membros, uma rede de acesso a todos os Procuradores, que compartilham peças, trocam dúvidas e discutem muitos assuntos. Além disso, hoje com os aplicativos de mensagens muito popularizados, o isolamento físico pode até existir, mas não o tecnológico. Os colegas estão mais acessíveis e podem trocar ideias em tempo real. Normalmente os grupos de aprovados no mesmo concurso mantém união na carreira, o que é uma excelente fonte de informação e possibilidade de conversar entre "novatos" sem o receio de se expor em uma rede com Procuradores mais antigos. Todos acabam compartilhando das mesmas dificuldades e desafios, o que facilita o trabalho inicial.

Minha segunda lotação foi na PRM-Altamira/PA, onde eu era o único Procurador. A dificuldade era maior, pelo volume imenso de trabalho, por muitas reuniões existentes, principalmente pela implantação da obra da Usina de Belo Monte, maior obra no Brasil, de mais de R$ 30 bilhões. A usina vinha descumprindo várias condicionantes e passado por cima dos aspectos legais e constitucionais do licenciamento ambiental, o que causava (e ainda causa) muitos problemas sociais e ambientais. Sorte que eu tinha uma equipe muito boa de trabalho e que ajudava a superar em muito os desafios ali postos.

Se o Procurador entrar em exercício em uma unidade maior, como uma PRM com mais Procuradores ou uma Procuradoria da República em capital, haverá outros Procuradores para conversar e dividir a matéria. E consequentemente uma estrutura administrativa um pouco maior. Porém, a estrutura de gabinete, em regra, é similar: um Analista em Direito/MPU, um técnico/MPU e dois estagiários em Direito. Em muitas unidades já existem um terceiro servidor no gabinete, que é um servidor com cargo em comissão, que é de fora do quadro, e deve ser de nível superior, de livre nomeação e exoneração.

Para quem é aprovado, é importante saber a lotação inicial de um Procurador da República.

Teremos como base a última nomeação. Na prática, não há tanta alteração de lotações, já que as últimas cidades escolhidas acabam sendo a passagem inicial dos aprovados.

Vale frisar que no 29 CPR foram 47 aprovados nas provas orais, mas somente 17 convocados até o momento, por questão orçamentária.

Observe-se que alguns aprovados não foram nomeados por ainda estarem com ações judiciais em relação a fases do concurso ou prática jurídica, sem nomeação autorizada judicialmente, por isso a lista vai até a posição 20.

Os 17 aprovados foram nomeados em Portaria de 21/12/2018, indicados para as seguintes lotações:

1º	Júlio César de Almeida	Procuradoria da República no Município de Cáceres-MT
2º	Gabriel Dalla Favera de Oliveira	Procuradoria da República no Município de Irecê-BA
3º	André Rios Gomes Bica	Procuradoria da República no Município de Cáceres-MT
4º	Lucas Costa Almeida Dias	Procuradoria da República no Município de Vilhena-RO
5º	Bernardo Meyer Cabral Machado	Procuradoria da República no Município de Cáceres-MT
9º	Samara Yasser Yassine Dalloul	Procuradoria da República no Município de Vilhena-RO

10º	Paulo Henrique Cardozo	Procuradoria da República no Município de Altamira-PA
11º	Thales Cavalcanti Coelho	Procuradoria da República no Município de Araguaína-TO
12º	Daniel Medeiros Santos	Procuradoria da República no Município de Redenção-PA
13º	Sadi Flores Machado	Procuradoria da República no Município de Altamira-PA
14º	Renata Muniz Evangelista Jurema	Procuradoria da República no Município de Pau dos Ferros-RN
15º	Adriano Augusto Lanna de Oliveira	Procuradoria da República no Município de Altamira-PA
16º	Igor Lima Goettenauer Oliveira	Procuradoria da República no Município de São Raimundo Nonato-PI
18º	Isadora Chaves Carvalho	Procuradoria da República no Município de Redenção-PA
19º	Valdir Monteiro Oliveira Júnior	Procuradoria da República no Município de Tabatinga-AM
20º	Bruno Silva Domingos	Procuradoria da República no Município de Tabatinga-AM
1º (reservada a pessoas negras	Anderson Rocha Paiva	Procuradoria da República no Município de Corrente-PI

A escolha das lotações é realizada por ordem de classificação no concurso.

A Justiça Federal nos últimos anos veio se interiorizando, e isso trouxe também uma forte interiorização das unidades do MPF. Na década de 1990 a maior parte das lotações era na capital. Desde lá, houve uma busca para reforçar a presença das instituições federais pelos interiores.

Com isso, as lotações iniciais hoje são como as indicadas acima, interiores de Estados das regiões Norte, Nordeste e Centro-Oeste, e 3 cidades do interior da região Sul.

Porém, o candidato pode pedir remoção logo que abrirem novas vagas. No MPF, não há qualquer cláusula que impeça remoção de Procurador por qualquer tempo determinado. Se abrirem novas vagas seja por novo concurso público, seja por aposentadoria ou por promoções de procuradores da República ao cargo de Procurador Regional da República, por exemplo, a Administração pode abrir concurso de remoção, e qualquer Procurador pode se remover.

As remoções no MPF têm por base unicamente o critério de antiguidade. Assim, abrindo o concurso de remoção, quem está lotado em qualquer município do país, independente do tempo de carreira que tem, pode solicitar remoção para uma nova vaga. E vale a máxima: "antiguidade é posto".

Desta forma, no outro concurso de remoção o candidato já obtém capitais do Norte ou cidades maiores e mais populosas do interior do Nordeste, Sul ou Sudeste.

Vale ressaltar que independentemente da lotação inicial que o Procurador tenha, a estrutura de trabalho do MPF sempre é muito boa, bem melhor do que a de outros órgãos públicos federais e estaduais. Assim, mesmo nos interiores o Procurador terá uma estrutura de apoio na cidade, com servidores técnicos e analista jurídicos, técnicos de transporte e estagiários em Direito, o que permitirá que aquele Procurador possa bem representar o MPF onde quer que esteja.

Em termos de tamanho de cidade e qualidade de vida, as lotações iniciais do MPF são sempre em cidades-polo dos Estados, diferentemente das lotações iniciais de Juiz ou Promotores de Justiça dos Estados, que precisam ocupar todas as comarcas do país. Desta forma, tais cidades têm certa estrutura urbana, o que favorece a adaptação de pessoas de vários lugares do Brasil, sendo que grande parte das cidades também é coberta por malha aérea, permitindo o deslocamento por avião para os grandes centros urbanos. Desta forma, mesmo as lotações iniciais do MPF permitem uma boa temporada de trabalho e também para levar a família junto, caso necessário. Ou seja, as lotações iniciais no MPF não são impeditivas para se realizar o concurso e apostar na carreira. E lembre-se que as remoções são por antiguidade, e logo o Procurador já poderá ter mais algumas dezenas de opções para movimentações, caso assim desejar.

O tempo que o candidato fica na primeira lotação depende de quando serão abertas as novas vagas. Se houver concursos consecutivos, como ocorreu do 26° para o 27° concurso, o tempo de lotação inicial foi de cerca de um ano. Se houver demora, como o hiato de 3 anos ocorridos entre os 24° e o 25° concurso, ou como a demora para a conclusão do 29 CPR. Nestes casos, a espera será maior.

15

Vencimentos e vantagens

A carreira de Procurador da República tem vários desafios e importância no Estado Brasileiro. Um Procurador da República é um agente político, exercendo a função de membro do MPF, presentando, assim, a instituição judicial e extrajudicialmente. Por isso, fundamental sua atuação e respeito tanto perante os juízos e Tribunais, quanto em atos extrajudiciais, como reuniões, seminários e audiências públicas. A manifestação de um membro do MPF – ainda que tenha outra função social, como de professor, palestrante etc. – acaba por representar também uma manifestação do MPF. Por isso, importante saber que sua manifestação terá peso e voz de um membro do MPF.

Com tantas atribuições e responsabilidades, também há as prerrogativas e vencimentos previstos como forma de remunerar e garantir a atuação do membro do MPF de forma condizente com seu cargo.

O art. 128, inciso I, da Constituição Federal, traz as garantias:

a) vitaliciedade, após dois anos de exercício, não podendo perder o cargo senão por sentença judicial transitada em julgado. Esta norma prevê que o membro do MP terá vitaliciedade após 2 anos de exercício (diferente dos 3 anos de estágio probatório a que se submete o servidor público em geral). Ademais, também é estipulado que o membro do MP não perderá seu cargo senão por sentença judicial transitada em julgado. Desta forma, não basta um processo administrativo disciplinar da Corregedoria do MP ou do Conselho Nacional do Ministério Público – CNPM, por exemplo. É necessário que haja uma ação própria para a declaração de perda de cargo, ou uma ação por improbidade administrativa, conforme decisão do STJ[1], no julgado de 19/03/2015 no REsp 1.191.613-MG, Rel. Min. Benedito Gonçalves, DJe 17/4/2015.

---

1. **É possível, no âmbito de ação civil pública de improbidade administrativa, a condenação de membro do Ministério Público à pena de perda da função pública prevista no art. 12 da Lei 8.429/1992.** Inicialmente, deve-se consignar que é pacífico o entendimento jurisprudencial do STJ no sentido de que a Lei 8.429/1992 é aplicável aos agentes políticos, dentre os quais se incluem os magistrados e promotores (REsp 1.249.531-RN, Segunda Turma, DJe 5/12/2012; REsp 1.205.562-RS, Primeira Turma, DJe 17/2/2012; e AIA 30-AM, Corte Especial, DJe 28/9/2011). O fato de a LC 75/1993 e a Lei 8.625/1993 preverem a garantia da vitaliciedade aos membros do MP e a necessidade de ação judicial para aplicação da pena de demissão não induz à conclusão de que estes não podem perder o cargo em razão de sentença proferida na ação civil pública por ato de improbidade administrativa. Isso porque, conquanto a lei estabeleça a necessidade de ação judicial específica para a aplicação da perda do cargo, as hipóteses previstas nas referidas normas dizem respeito a fatos apurados no âmbito administrativo, daí porque se prevê a necessidade de autorização do Conselho Superior do Ministério Público para o ajuizamento da ação judicial (art. 57, XX, da LC 75/1993 e § 2º do art. 38 da Lei 8.625/1993). Nesse sentido, a ação civil específica acima mencionada em nada interfere nas disposições da Lei 8.429/1992, até mesmo porque o § 2º do art. 2º do Decreto-Lei 4.657/1942 (LINDB) dispõe que: "A lei nova, que estabeleça disposições gerais ou especiais a par das já existentes, não revoga nem modifica a lei anterior". Com efeito, a previsão legal de que o Procurador-Geral de Justiça ou o Procurador-Geral

b) inamovibilidade, salvo por motivo de interesse público, mediante decisão do órgão colegiado competente do Ministério Público, pelo voto da maioria absoluta de seus membros, assegurada ampla defesa. Esta garantia constitucional prevê que um membro do MP não será mudado de cidade ou de lotação por conta de sua atuação contra um grupo empresarial ou político local, por exemplo. Esta garantia traz a responsabilidade e a tranquilidade para investigar e

---

da República ajuizará ação civil específica para a aplicação da pena de demissão ou perda do cargo, nos casos elencados na lei, dentre os quais se destacam a prática de crimes e os atos de improbidade, não obsta que o legislador ordinário, cumprindo o mandamento do § 4º do art. 37 da CF, estabeleça a pena de perda do cargo do membro do MP quando comprovada a prática de ato ímprobo, em ação civil pública própria para sua constatação. Na legislação aplicável aos membros do MP, asseguram-se à instituição as providências cabíveis para sancionar o agente comprovadamente ímprobo e, nos exatos termos das garantias que prevê, exige o ajuizamento de ação judicial específica para tanto. Na nominada Lei de Improbidade Administrativa (Lei 8.429/1992), o legislador amplia a legitimação ativa, ao prever que a ação será proposta "pelo Ministério Público ou pela pessoa jurídica interessada" (art. 17). Não há, portanto, competência exclusiva do Procurador-Geral. Dessa forma, não há somente uma única via processual adequada à aplicação da pena de perda do cargo a membro do MP. Assim, a demissão ou perda do cargo por ato de improbidade administrativa (art. 240, V, "b", da LC 75/1993) não só pode ser determinada por sentença condenatória transitada em julgado em ação específica, cujo ajuizamento deve ser provocado por procedimento administrativo e é da competência do Procurador-Geral, conforme se extrai da Lei 8.429/1992, c/c com o parágrafo único do art. 208 da LC 75/1993, como também pode ocorrer em decorrência do trânsito em julgado da sentença condenatória proferida em ação civil pública prevista na Lei 8.429/1992. Essa conclusão é decorrência lógica do comando inserto no *caput* do art. 12 da Lei 8.429/1992: "Independentemente das sanções penais, civis e administrativas previstas na legislação específica, está o responsável pelo ato de improbidade sujeito às seguintes cominações, que podem ser aplicadas isolada ou cumulativamente, de acordo com a gravidade do fato". **REsp 1.191.613-MG, Rel. Min. Benedito Gonçalves, julgado em 19/3/2015, DJe 17/4/2015.**

apurar o que for necessário, contra quem for o alvo da investigação, e uma livre atuação de acordo com as provas obtidas nas investigações, para que nenhum membro do MP fique com receio de perder sua lotação caso desagrade qualquer político, empresário local, ou mesmo que sua atuação esteja em discordância eventual com o Procurador-Geral da instituição. A Lei Complementar nº 75/93, do MPU, traz no art. 211 que esta remoção de ofício pode se dar por iniciativa do Procurador-Geral da República e só ocorrerá por motivo de interesse público, mediante a decisão do Conselho Superior do Ministério Público Federal, pelo voto de dois terços de seus membros, assegurada a ampla defesa;

c) irredutibilidade de subsídio. Tal garantia visa evitar que qualquer mudança legislativa tenha por finalidade reduzir o salário e, com isso, pressionar os membros do MP a realizar ou suspender determinada investigação. Ou seja, o salário não pode ser objeto de pressão contra o membro do MP. Tal previsão, ademais, também abrange os servidores públicos em geral.

A Lei Complementar, em seu art. 227, ainda traz outras previsões de vantagens, estipulando que os membros do Ministério Público da União terão direito a:

I – ajuda-de-custo em caso de: a) remoção de ofício, promoção ou nomeação que importe em alteração do domicílio legal, para atender às despesas de instalação na nova sede de exercício em valor correspondente a até três meses de vencimentos; b) serviço fora da sede de exercício, por período superior a trinta dias, em valor correspondente a um trinta avos dos vencimentos, pelos dias em que perdurar o serviço, sem prejuízo da percepção de diárias;

II – diárias, por serviço eventual fora da sede, de valor mínimo equivalente a um trinta avos dos vencimentos para atender às despesas de locomoção, alimentação e pousada. Atualmente, a diária é paga com base na Portaria PGR/MPU nº 41, de 25/6/2014, que dispõe sobre a concessão de diárias e passagens aos membros e servidores do Ministério Público da União;

III – transporte: a) pessoal e dos dependentes, bem como de mobiliário, em caso de remoção, promoção ou nomeação; b) pessoal, no caso de qualquer outro deslocamento a serviço, fora da sede de exercício;

IV – auxílio-doença, no valor de um mês de vencimento, quando ocorrer licença para tratamento de saúde por mais de doze meses, ou invalidez declarada no curso deste prazo;

V – salário-família;

VI – *pro labore* pela atividade de magistério, por hora-aula proferida em cursos, seminários ou outros eventos destinados ao aperfeiçoamento dos membros da instituição. Esta vantagem é paga através da Portaria nº 251, de 06 de maio de 2011, do PGR, remunerando a atividade de docência realizada por membros e servidores do Ministério Público da União por meio de *pro labore*. Tais remunerações são percebidas pelo capacitador, conteudista, tutor e orientador de curso. Tais cursos são planejados no ano anterior da sua realização, e aprovados pela Escola Superior do Ministério Público da União – ESMPU;

VII – assistência médico-hospitalar, extensiva aos inativos, pensionistas e dependentes, assim entendida como o conjunto de atividades relacionadas com a prevenção, conservação ou recuperação da saúde, abrangendo serviços profissionais médicos, paramédicos, farmacêuticos e odontológicos, bem como o fornecimento e a aplicação dos meios e dos cuidados essenciais à saúde. Tal espécie de assistência médico-hospitalar é feita pelo Plan-Assiste, do MPU[2], tendo regulamento geral aprovado pela Portaria PGR/MPU nº 231/2012. O Plan-Assiste é financiado por recursos próprios dos membros, servidores e pensionistas do MPU (pagamento feito como um plano de saúde, com desconto realizado direto na folha de pagamento), através de coparticipação também (serviços médico-hospitalares são pagos de forma complementar também pelo beneficiário) e também com uma parcela de recursos da União, na forma de dotações orçamentárias e de créditos adicionais.

VIII – auxílio-moradia, em caso de lotação em local cujas condições de moradia sejam particularmente difíceis ou onerosas, assim definido em ato do Procurador-Geral da República. O pagamento do auxílio-moradia a membros da Magistratura e do Ministério Público foi ampliado com base na decisão monocrática do Ministro do STF Luiz Fux na Ação Originária – AO 1.773 (pedido da AJUFE – Associação dos Juízes Federais), fazendo com que os membros recebessem de 2014 a 2018. Porém, com a lei que aprovou a recomposição dos subsídios da Magistratura e do Ministério Público, em novembro/2018, o Ministro Fux revogou sua decisão, suspendendo pagamento do auxílio-moradia para todos os membros do Ministério Público, ficando vedado inclusive para os que estejam em locais de lotação particularmente difíceis ou onerosas.

IX – gratificação natalina, correspondente a um doze avos da remuneração a que fizer jus no mês de dezembro, por mês de exercício no respectivo ano, considerando-se como mês integral a fração igual ou superior a quinze dias.

Conforme art. 212 da LC nº 75/93, a remoção a pedido singular atenderá à conveniência do serviço, mediante requerimento apresentado nos quinze dias seguintes à publicação de aviso

2. http://www.planassiste.mpu.mp.br/

da existência de vaga; ou, decorrido este prazo, até quinze dias após a publicação da deliberação do Conselho Superior sobre a realização de concurso para ingresso na carreira. O aviso será publicado no Diário Oficial, dentro de quinze dias da vacância. Havendo mais de um candidato à remoção, ao fim do primeiro prazo previsto no caput deste artigo, será removido o de maior antiguidade (o único critério adotado para remoção no Ministério Público da União é o da antiguidade, não há remoção com base em merecimento); após o decurso deste prazo, prevalecerá a ordem cronológica de entrega dos pedidos.

O critério de merecimento somente é observado nas promoções, conforme art. 199 da LC nº 75/93 (quando haverá vagas de promoções providas de forma alternada entre antiguidade e merecimento). E as promoções no MPF são realizadas dos cargos de Procurador da República para o cargo de Procurador Regional da República (que exercem suas atribuições judiciais perante um dos cinco Tribunais Regionais Federais do país). Já os Procuradores Regionais da República podem ser promovidos, também mediante os critérios de antiguidade e merecimento, de forma alternada, para o cargo de Subprocurador-Geral da República, que atuam na sede da PGR, em Brasília, e exercem suas funções judiciais perante o STJ, TSE ou STF, designados por ato do Procurador-Geral da República.

O art. 220 da LC nº 75/93 prevê o membro do MPF terá direito a férias. E estas férias são, por garantia legal, de sessenta dias por ano. O membro do MPF receberá valor correspondente a um terço da remuneração do período em que as mesmas devam ser gozadas, ou seja, o membro do MPU recebe 1/3 de férias referentes a cada um dos períodos gozados. A lei também prevê a possibilidade de conversão de um terço das férias em abono pecuniário. Assim, o Procurador da República poderá "vender" até 20 dias de férias, recebendo um abono pecuniário decorrente desta venda.

Além das férias, a LC nº 75/93, também prevê licenças: a) por motivo de doença em pessoa da família; b) por motivo de afastamento do cônjuge ou companheiro (sem remuneração); c) prêmio por tempo de serviço; d) para tratar de interesses particulares (sem remuneração); e) para desempenho de mandato classista; f) para tratamento de saúde, a pedido ou de ofício; g) por acidente em serviço; h) à gestante, por 180 dias; i) pelo nascimento ou a adoção de filho, o pai ou adotante, até 20 dias consecutivos (a Lei Federal nº 13.257/2016 ampliou para algumas situações e a Portaria PGR/MPU nº 36/2016); j) pela adoção ou a obtenção de guarda judicial de criança até um ano de idade, o prazo da licença do adotante ou detentor da guarda será também de 180 dias (conforme Portaria PGR/MPU nº 510/2008).

Estas licenças são similares às licenças permitidas a servidores públicos da União em geral, e cada uma tem sua peculiaridade no MPU conforme o art. 222 e parágrafos da LC. A licença diferenciada na LC nº 75/93 é a licença-prêmio.

A licença-prêmio será devida após cada 5 anos ininterrupto de exercício, pelo prazo de três meses, observadas as seguintes condições: a) será convertida em pecúnia em favor dos beneficiários do membro do Ministério Público da União falecido, que não a tiver gozado; b) não será devida a quem houver sofrido penalidade de suspensão durante o período aquisitivo ou tiver gozado das licenças por motivo de afastamento do cônjuge ou para tratar de interesses particulares; c) será concedida sem prejuízo dos vencimentos, vantagens ou qualquer direito inerente ao cargo; d) para efeito de aposentadoria, será contado em dobro o período não gozado.

16

DEVERES E VEDAÇÕES

A Constituição Federal, no art. 128, §5°, inciso II, traz as vedações aos membros do Ministério Público:

a) receber, a qualquer título e sob qualquer pretexto, honorários, percentagens ou custas processuais. Ou seja, membro do MP não pode receber qualquer valor referente às ações que atua;

b) exercer a advocacia. O exercício da advocacia é vedado aos membros do MP que ingressaram na carreira após a promulgação da Constituição de 1988. Porém, para os membros que já estavam na carreira nesta época, poderiam ter optado pelo regime jurídico anterior, conforme art. 28, §3°, do ADCT da Constituição Federal, e continuar cumulando as funções de advocacia e de membros do MP. Porém, frise-se que estes casos são exceção e estão diminuindo a cada dia, com as aposentadorias dos membros do MP Brasileiro que gozavam do regime jurídico anterior;

c) participar de sociedade comercial, na forma da lei;

d) exercer, ainda que em disponibilidade, qualquer outra função pública, salvo uma de magistério. Sobre a função do magistério, o CNMP editou a Resolução nº 73/2011 (alterada pelas Resoluções nº 132 e 133/2015). Nas Resoluções, é estabelecido que "ao membro do Ministério Público da União e dos Estados, ainda que em disponibilidade, é defeso o exercício de outro cargo ou função pública, ressalvado o magistério, público ou particular". Ainda, a Resolução atualizada prevê que "somente será permitido o exercício da docência ao membro, em qualquer hipótese, se houver compatibilidade de horário com o do exercício das funções ministeriais, e desde que o faça em sua comarca ou circunscrição de lotação, ou na mesma região metropolitana." Fora destas hipóteses, a unidade do Ministério Público, através do órgão competente, poderá autorizar o exercício da docência por membro do Ministério Público, quando se tratar de instituição de ensino sediada em comarca ou circunscrição próxima, nos termos de ato normativo e em hipóteses excepcionais, devidamente fundamentadas. Esta Resolução garante que o membro do Ministério Público não tenha carga horária de forma excessiva que prejudique o exercício regular de sua função ministerial;

e) exercer atividade político-partidária. O exercício da atividade político-partidária só é possível de ser realizado por membro do MP que entrou antes da promulgação da Constituição Federal e que tiver optado pelo regime anterior, conforme previsto no art. 29, §3º, do ADCT da Constituição Federal;

f) receber, a qualquer título ou pretexto, auxílios ou contribuições de pessoas físicas, entidades públicas ou privadas, ressalvadas as exceções previstas em lei.

Ademais, a Lei Complementar nº 75/93 também traz outros deveres do membro do Ministério Público da União, em respeito à dignidade de suas funções e à Justiça: a) cumprir os prazos processuais; b) guardar segredo sobre assunto de caráter sigiloso que conheça em razão do cargo ou função; c) velar por suas prerrogativas institucionais e processuais; d) prestar informações aos órgãos da administração superior do Ministério Público, quando requisitadas; e) atender ao expediente forense e participar dos atos judiciais, quando for obrigatória a sua presença; ou assistir a outros, quando conveniente ao interesse do serviço; f) declarar-se suspeito ou impedido, nos termos da lei; g) adotar as providências cabíveis em face das irregularidades de que tiver conhecimento ou que ocorrerem nos serviços a seu cargo; h) tratar com urbanidade as pessoas com as quais se relacione em razão do serviço; i) desempenhar com zelo e probidade as suas funções; j) guardar decoro pessoal.

17

QUANDO HAVERÁ NOVOS CONCURSOS?

Concurso para Procurador da República era previsível há alguns anos, na primeira década deste século, os concursos eram anuais, ou pelo menos a cada dois anos.

A Lei Federal nº 12.931/2013 criou os cargos de membro do MPF, estipulando o escalonamento de vagas de 2014 a 2020, ficando assim estipulado: 2014 (60 vagas), 2015 (60 vagas), 2016 (108 vagas), 2017 (108 vagas), 2018 (108 vagas), 2019 (108 vagas) e 2020 (108 vagas). Previa, ainda, que as despesas resultantes da aplicação desta Lei correrão à conta das dotações orçamentárias consignadas ao Ministério Público Federal.

A lei em seu art. 5º prevê que "A criação dos cargos prevista nesta Lei fica condicionada à sua expressa autorização em anexo próprio da lei orçamentária anual com a respectiva dotação suficiente para seu primeiro provimento, nos termos do art. 169, §1º, da Constituição Federal.". Continua, indicando que "se a autorização e os respectivos recursos orçamentários forem suficientes somente para provimento parcial dos cargos, o saldo da autorização e das respectivas dotações para seu provimento deverá constar de anexo da lei orçamentária correspondente ao exercício em que forem considerados criados e providos".

Porém, atualmente, não há previsão certa sobre a edição de novos concursos.

A Lei nº 12.931/2013 continua em vigor. Porém, após algumas nomeações de Procuradores da República nos últimos concursos, a disponibilidade financeira do MPF está limitada, em especial após a edição da Emenda Constitucional nº 95/2016 (Emenda do teto dos gastos). Assim, o limite de gastos do MPF com pessoal estaria, atualmente, quase no máximo legal, não sendo possível o pedido de complementação financeira pela União caso necessário.

Assim, temos uma dificuldade temporária para o provimento de novas vagas de membros do MPF. Se houver uma flexibilização na Emenda Constitucional ou na forma de designação do orçamento federal é possível o maior aporte financeiro e o chamamento de novos colegas.

Porém, invariavelmente surgem aposentadorias e exonerações na carreira, o que demanda uma reposição de membros do MPF, com a necessária convocação de novos colegas para enfrentar os desafios do Ministério Público Federal, de norte a sul. Desta forma, novos concursos virão.

18

CARTA A UM JOVEM PROCURADOR DA REPÚBLICA

Publico artigo que escrevi a pedido do site jurídico Jota, com reflexões sobre a experiência inicial de um Procurador da República. Penso que serve como impressões do que o candidato vai enfrentar na carreira.

"Recebi o convite do **JOTA** com muita honra, para escrever aos novos colegas e àqueles que pretendam entrar na carreira. Fiquei na dúvida se o convite significa que já estou sendo considerado "veterano". Afinal, para narrar experiências é preciso vivê-las. Mas mesmo assim escrevo algumas considerações, e, como se trata de carta a um jovem procurador da República, acredito que o que relatarei de experiência e reflexões é um pouco do aprendizado e reinvenção diária que todo profissional deve ter, inclusive este próprio subscritor.

Meu primeiro curso superior foi o de Jornalismo. Queria ter uma profissão em que pudesse investigar, buscar problemas sociais e apontar soluções. Cada um quando jovem tem seu sonho e projeto. Esse era o meu.

Logo após entrar na faculdade, descobri que a área do Direito também podia proporcionar isso. O Jornalismo e o Direito são afins pela proximidade com a leitura, escrita e a possibilidade de debater e atuar nos temas sensíveis da sociedade. Assim, entrei na área jurídica e fiz os dois cursos concomitantes.

Após entrar no Direito, fiquei logo de olho no Ministério Público Federal (MPF). A carreira se delineava de forma mais contundente na sociedade. Procuradores da República em todo o país começavam a ter atuações de destaque, investigando a fundo problemas históricos, mostrando que não havia "intocáveis" e imunes às investigações. E essa carreira me fascinava.

Quando surgiu a possibilidade de estágio no MPF, fiz a prova. Consegui, e estagiei por dois anos, sendo de fundamental importância esta experiência para conhecer por dentro o MPF e ter ainda mais certeza de que aquela seria a escolha profissional mais acertada. Sabia que o concurso era muito concorrido, mas já tinha decidido: ia me dedicar aos estudos até passar.

Consegui em pouco tempo a aprovação, tive várias experiências como procurador, em todas as áreas, como criminal, cível, combate à corrupção, área ambiental e indígena, eleitoral e direitos do cidadão, além de atuar como Diretor da Associação Nacional dos Procuradores da República. A experiência é constante e dinâmica. Poucas carreiras podem oferecer uma amplitude de atuação, com a imensa vantagem de ser uma carreira nacional.

Neste tempo, acredito que aprendi e continuo aprendendo muita coisa. "A alegria que se tem em pensar e aprender faz-nos pensar e aprender ainda mais", já dizia Aristóteles.

Neste tempo, resumo as virtudes que creio essenciais para qualquer procurador da República: honestidade, coragem e dedicação ao trabalho.

A **honestidade** é a virtude principal, não só para o membro do MPF, mas para qualquer servidor público. É o mínimo que se pode exigir de qualquer servidor, sendo ainda mais importante para quem tem a função precípua de fiscalizar o cumprimento das leis.

A **coragem** é outro requisito. Coragem não se confunde com heroísmo. A coragem não é a ausência do medo, mas a sua capacidade de superá-lo. Um membro do MPF deve enfrentar as dificuldades e as barreiras, independente de quem seja o investigado.

A **dedicação ao trabalho** também é inerente ao procurador da República. Não há brilhantismo suficiente que resolva o trabalho de um procurador. O que importa é a dedicação, vontade de inovar e de investigar. As coisas não "acontecem" naturalmente, é preciso muito trabalho.

Assim, traria algumas reflexões para quem está entrando agora na carreira.

Lembro Abraham Lincoln: "se quiser por à prova o caráter de um homem, dê-lhe poder". Saiba utilizar os instrumentos que lhe são conferidos por ser membro do MPF com serenidade e respeito à sociedade. O serviço público não é espaço para arroubos de arrogância ou autoafirmação. Sempre lembre que o procurador da República é um servidor público.

Saiba que "com grandes poderes vêm grandes responsabilidades". A frase do personagem do Homem-Aranha que já foi objeto de fundamentação em decisão da Suprema Corte dos EUA é uma verdade para qualquer cargo que exista uma capacidade de alterar a realidade, como é o MPF. Sua responsabilidade perante a sociedade aumenta. Isso não significa que você viverá separado da sociedade. Você pode viver como um habitante do município em que está, mas saiba que sua atuação será observada dentro e fora do prédio do MPF.

Ajuíze as denúncias e ações cabíveis, não tenha receio em pedir absolvições. Analise com calma os processos e avalie as provas. Não há pressão que possa obrigar um procurador a fazer algo em discordância com as provas dos autos.

Sempre esteja atualizado, buscando as novidades e se aperfeiçoando. Nunca estamos prontos o suficiente para nos acomodarmos. A troca de ideias com colegas de maior experiência, um curso de aperfeiçoamento direcionado à nossa área são sempre importantes.

Conheça o passado da unidade que você trabalha, veja as ações que estão em curso, saiba dos problemas e pontos positivos daquela região. Você pode vir de outras cidades maiores com usos e costumes diferentes, mas não menospreze as pessoas e a cultura local. Você não é melhor ou tem práticas superiores do que as pessoas dos municípios em que vai atuar.

A realidade está muito além dos livros jurídicos e da jurisprudência. Procure entender a realidade, ouça as pessoas, leia a respeito de temas diferentes da área jurídica. Aproveite para vivenciar experiências diversas. A visita a uma comunidade tradicional, terra indígena, distrito distante das grandes cidades, assentamento rural, unidade de conservação. Uma visita não tornará você um exímio conhecedor daquela realidade – já que não reside no local – mas já permitirá fruir da experiência de sentir um pouco como aquela comunidade vive os problemas e enfrenta as questões. E isso dará a você uma melhor capacidade de decisão. A realidade brasileira é muito mais ampla do que qualquer experiência, seja ela qual for.

Sempre saiba que você não está sozinho. O MPF é uma instituição federal que vai apoiar a atuação dos seus membros em qualquer lugar do país. Ninguém está isolado e, em qualquer risco, sempre haverá apoio. Quando necessário, pense coletivamente junto com outros colegas do MPF. Muitas vezes o “pensar coletivo” pode poupar vários passos e otimizar sua atuação, fortalecendo o princípio da unidade do MPF.

Além do jurídico, um procurador da República também é um administrador. No mínimo, irá administrar seu gabinete, com servidores e estagiários. Pode até mesmo começar administrando uma PRM (Procuradoria da República no Município), como são chamadas as unidades do MPF que funcionam em municípios que não são capitais de Estado. Assim, lembre-se que você será um administrador, e não poderá se esquivar de gerenciar uma equipe, com capacidade e respeito por todos. Seu gabinete não irá funcionar se a equipe não estiver motivada. Não existe trabalho solitário no MPF. Por isso, respeite a todos, buscando conseguir o melhor para o serviço público, com respeito ao servidor público e também ao cidadão que paga os impostos para manter o funcionamento do MPF. Procure ser um líder, não um chefe.

Saiba ouvir as pessoas, ouça mais do que fale. Observe. Você precisará exercer esta capacidade de ouvir e observar tanto com a equipe de trabalho quanto com o público que busca o MPF. Os melhores casos em que atuei foram derivados de representação de cidadãos, algumas vezes anônimas ou de pessoas que pedem o anonimato por medo de represálias. Respeite a história de vida de cada um que lhe procurar. Ouça com calma, muitas vezes uma informação pode não ser útil naquele momento, mas servirá para contextualizar a situação e montar depois as peças do quebra-cabeça de uma investigação. Faça uma verdadeira parceria com a sociedade civil. A sociedade é os olhos do MPF.

Além das pessoas que você recebe, preocupe-se também com os grupos e as pessoas que não lhe procuram. Há grupos muito marginalizados, "invisíveis", que residem muito longe das unidades do MPF ou se sentem incapazes de reivindicar os direitos perante um procurador da República. Estes problemas são ainda maiores e também precisam ser resolvidos.

Seja cordial com as pessoas. Com todas as pessoas, representantes de órgãos públicos, servidores em geral, advogados, investigados e até mesmo os réus. Não leve as coisas para o lado pessoal. No processo, você não está em uma batalha que precise aniquilar o outro lado. É preciso manter a urbanidade, o que não o impedirá de atuar de forma vigorosa nas investigações. Manter a cordialidade no seu trabalho não se confunde com aproximação pessoal das outras partes. Mantenha um distanciamento republicano com as partes. Há pessoas que irão tentar se aproximar de você por interesse. Saiba evitá-las.

Evite os "mimos". Aqueles convites inesperados, aquelas facilidades concedidas pelo fato de que você é o procurador da República. Lembre-se: não existe almoço grátis. Ou seja, se alguém quiser lhe conceder alguma vantagem pelo fato de ser o procurador, é bem provável que esta pessoa busque algo em troca ou queira simplesmente se "blindar" para parecer como o "amigo do procurador". De qualquer forma, só você terá a perder.

Não ache que o MPF resolverá tudo sozinho. A atuação equilibrada e em conjunto com os outros órgãos é decisiva para a melhor eficácia de uma investigação. Busque sempre o diálogo com os outros órgãos públicos que possam lhe ajudar. Mas se por algum motivo não puderem ou não tiverem interesse em uma investigação, faça o melhor que possa e utilize toda a estrutura do MPF para isso.

Não se perca na burocracia. Seja proativo nas grandes causas. É realmente impossível dar prioridade para todas as investigações. Quem prioriza tudo, não consegue resolver nada de realmente importante. Você vai sentir na prática aqueles casos em que têm melhor condições de dar uma resposta efetiva. Vá a fundo nos grandes casos, que são os mais importantes. São com estes que você vai conseguir fazer a diferença e ajudar a sociedade.

Algumas vezes você vai ver um problema de atribuição federal e imaginar: por que ninguém fez nada antes? Temos muitos problemas e a estrutura estatal para combate às ilegalidades é limitada. Mas agora, você sendo o procurador, é sua a responsabilidade de apurar o caso. Algumas vezes os problemas se perpetuam porque ninguém resolveu colocar a mão na massa ou estava ocupado com outros problemas graves. Mas agora é a sua hora. Não ignore aquele problema, enfrente-o.

O combate à corrupção é sempre revelador. Não avalie as coisas pela sua experiência e ética. Às vezes, a dilapidação do erário é tão grande que você pode imaginar: será possível alguém tentar se apropriar de tanto dinheiro público assim deste município pequeno? Sim, é possível. Você vai descobrir que a criatividade para a corrupção é imensa. Seja intransigente no combate à corrupção.

Acredite em suas investigações. Normalmente a investigação começa pequena ou sem provas. Só com muito trabalho e dedicação que crescerá e dará frutos. E uma investigação em regra não funciona "redondinha". Há sempre percalços, problemas no cumprimento das interceptações telefônicas, ausências de respostas de ofícios, testemunhas que somem, processos que demoram a voltar, policiais que começam a investigação e depois são removidos para outras unidades, estrutura de gabinete que não é a ideal etc. Mas se você não acreditar, poderá estar perdendo um grande caso. E os criminosos agradecem.

Preste contas à sociedade. Isto se chama *accountability*. Como servidor público, você pode e deve divulgar a atuação do MPF. A prestação de contas à sociedade deve envolver as ferramentas de divulgação do MPF, com apoio também da imprensa. Mas não se paute por interesses privados de qualquer grupo econômico, político ou de comunicação. Seu norte é a sua consciência e a Constituição Federal. Não faça alarde do que você ainda vai fazer: divulgue o que já fez. Denunciar é um verbo que só se conjuga no passado.

Tenha sempre em mente que sua atuação pode evitar prejuízo de milhões de reais aos cofres públicos, melhor funcionamento de políticas públicas, preservação do meio ambiente, respeito ao direito de milhares de pessoas de comunidades tradicionais.

Vibre a cada dia com sua atuação e comemore as conquistas. A sociedade confia na atuação de um procurador da República, e precisa que o membro do MPF alcance melhor efetividade e altere a realidade, no combate duro às ilegalidades e na fiscalização para a melhoria das políticas públicas, na busca incessante da justiça e do bem comum.”

19

DISCURSOS DE POSSE

19.1 DISCURSO DE POSSE DA PGR RAQUEL DODGE PARA A POSSE DOS APROVADOS NO 29 CPR

Agradeço que tenham vindo à casa do Ministério Público Brasileiro, que está a serviço da nação, para testemunhas esta posse.

Dirijo-me ao povo brasileiro, de quem emana todo o poder, e a todos os presentes, para dizer que estou ciente da enorme tarefa que está diante de nós e da legítima expectativa de que seja cumprida com equilíbrio, firmeza e coragem, com fundamento na Constituição e nas leis.

Recebo com humildade o precioso legado de serviço à Pátria, forjado pelos Procuradores-Gerais da República que me antecederam, certa de que o Ministério Público deve promover justiça, defender a democracia, zelar pelo bem comum e pelo meio ambiente, assegurar voz a quem não a tem e garantir que ninguém esteja acima da lei e ninguém esteja abaixo da lei.

Cumprimento o Procurador-Geral Rodrigo Janot por seu serviço à nação.

Quarenta e um brasileiros assumiram este cargo, alguns em ambiente de paz e muitos sob intensa tempestade. A nenhum faltou a certeza de que o Brasil seguirá em frente porque o povo mantém a esperança em um país melhor, interessa-se pelo destino da nação, acompanha investigações e julgamentos, não tolera a corrupção e não só espera, mas também cobra resultados.

Os brasileiros aprenderam o caminho que conduz ao Ministério Público. Há trinta anos, quando tomei posse, poucos sabiam o que faz o Procurador da República e, no entanto, nosso protomártir, o Procurador Pedro Jorge de Mello e Silva, já havia sido assassinado por investigar um grande escândalo de corrupção.

Para honrar sua memória e dar efetividade ao nosso trabalho, reivindicamos as garantias que o constituinte nos deu em 1998.

No entanto, foi por causa da desigualdade persistente, da ausência de liberdades e do sofrimento cotidiano das pessoas, que reivindicamos também outras atribuições constitucionais, como a defesa da democracia, da sociedade e do meio ambiente e de zelar pelo respeito aos poderes públicos aos direitos assegurados na Constituição.

Estas novas atribuições constitucionais somaram-se ao papel clássico do Ministério Público, que é o de processar criminosos.

É preciso desempenhar bem todas estas funções, porque todas ainda são realmente necessárias. Para muitos brasileiros a situação continua difícil, pois estão expostos à violência e à insegurança pública, recebem serviços públicos precários, pagam impostos elevados, encontram obstáculos no acesso à justiça, sofrem os efeitos da corrupção, têm dificuldade de se auto-organizar, mas ainda almejam um futuro de prosperidade e paz social.

O Ministério Público instituído pela Constituição de 1988 tem, portanto, a obrigação de exercer, com igual ênfase, a função criminal e a defesa de direitos humanos, deve priorizar a atuação de seus membros na medida adequada a resolver problemas graves, que inibem o bom desenvolvimento humano, como as elevadas taxas de homicídio; a violência urbana e rural, as falhas na qualidade da escola – e sabemos que a educação de qualidade emancipa a pessoa e rompe o círculo da pobreza e a ausência de serviços básicos de saúde onde são necessários.

Os desafios são muitos, não é possível dizer que será fácil, mas confirmo que os problemas serão encarados com seriedade, com fundamento na Constituição e nas leis. Porque cada membro do Ministério Público Brasileiro está pronto e motivado, como sempre esteve, para exercer todas as suas atribuições constitucionais. Estarei com eles e ao lado deles.

Não nos têm faltados os meios orçamentários, nem os instrumentos jurídicos necessários para fazer cumprir a Constituição, estou certa de que o Ministério Público continuará a receber do Poder Executivo e do Congresso Nacional o apoio indispensável ao aprimoramento das leis e das instituições republicanas e para o exercício de nossas atribuições.

Supremo Tribunal Federal tem distinguido o Ministério Público com sua atuação fundamentada, respeitosa e republicana, em tudo condizente com a harmonia que interessa aos cidadãos, ao entregar de modo célere a prestação jurisdicional que lhe é reclamada como guardião da Constituição.

Em todos os lugares do Brasil e em temas muito diferentes, há muito trabalho para o Ministério Público. A Constituição nos incumbiu de zelar pela higidez do sistema eleitoral, de coibir a violência doméstica, os crimes no trânsito que ceifam tantas vidas, os homicídios e os crimes de corrupção.

No Ministério Público, temos o dever de cobrar dos que gerenciarem o gasto público que o façam de modo honesto, eficiente e probo, ao ponto de restabelecer a confiança das pessoas nas instituições de governança.

Para Francisco nos ensina que "a corrupção não é um ato, mas uma condição, um estado pessoal e social, no qual a pessoa se habitua e viver, o corrupto está tão fechado e satisfeito em alimentar a sua autossuficiência que não se deixa questionar por nada nem por ninguém, construiu uma autoestima que se baseia em atitudes fraudulentas: passa a vida buscando os atalhos do oportunismo, ao preço de sua própria dignidade e da dignidade dos outros... A corrupção faz perder o pudor que protege a verdade, a bondade e a beleza" (Em nome de Deus é misericórdia, Ed. Planeta, 2016, p. 120).

Zelar pelo bem comum é uma tarefa grandiosa para o Ministério Público, que é coadjuvada pelo papel que cada cidadão pode fazer por si mesmo e pela integridade do país.

É uma tarefa necessária, que exige de nós coragem, o país passa por um momento de depuração, os órgãos do sistema de administração de justiça têm no respeito e harmonia entre as instituições a pedra angular que equilibra a relação necessária para se fazer justiça em cada caso concreto.

Temos de cuidar da dignidade da pessoa humana, a Constituição não a estabelece apenas como ideal, mas exige concretude em relação a cada indivíduo, pautada pela observância da lei e dos direitos individuais. O Ministério Público, como fiscal da Constituição e das leis, deve zelar pela dignidade de cada pessoa, poia a dignidade humana é essencial para assegurar um futuro de paz no país e entre as nações.

O Ministério Público é guardião do legado civilizatório contido na Constituição, princípios e normas que asseguram a liberdade do indivíduo também expandem a condição humana para a vida pacífica em sociedade, sustentam nosso estilo de vida, preservam nossas tradições e nossos costumes e constituem o devido processo legal.

Fomos moldados por diversas línguas e culturas e convivemos bem com as diferenças. Esta herança multirracial caracteriza o Brasil e revela nossa humanidade, o Ministério Público zela pelo respeito a estas características, pelos direitos de índios e minorias, pela liberdade de religião e de credo. A cada dois anos, na data da posse, nos reunimos e reafirmamos nossa esperança de dias melhores para o Brasil e o nosso compromisso, como membros do Ministério Público, de agirmos com unidade de propósito para fazer a nossa parte, que consiste em cumprir o nosso dever constitucional. É a esperança que renovo agora, como Procuradora-Geral da República e presidente do Conselho Nacional do Ministério Público, e para cujo alcance sei que conto com a firmeza de cada Procurador da República e de cada Promotor de Justiça do país, em seus mais diferentes ofícios.

Sob a Constituição de 1988, a nação brasileira tem escolhido construir sua história valorizando a liberdade de expressão e de reunião, apreciando a democracia, repudiando a corrução e pedindo o reconhecimento de seus direitos. O Ministério Público, como defensor constitucional do interesse público, posta-se ao lado dos cidadãos para cumprir o que lhe incumbe claramente a Constituição de modo a assegurar que todos são e todos são livres, que o devido processo legal é um direito e que a harmonia entre poderes é um requisito para a estabilidade da Nação.

No ofício que ora assumo, o trabalho será cotidiano e extenuante, precisaremos da ajuda de todos os membros e servidores do Ministério Público, pois a grandeza desta nação tem sido construída de modo árduo, e aprendemos que o caminho que leva à liberdade e à integridade tem obstáculos que só podem ser superados com resiliência e coragem.

Há novos desafios jurídicos pela frente. Os valores que defenderemos e que definirão nossas ações estão na Constituição: muito trabalho, honestidade, respeito à lei e às instituições, observância do devido processo legal e responsabilidade. São atributos da cidadania.

Neste início de mandato, peço a proteção de Deus para que nos momentos em que eu for colocada à prova, não hesite em proteger as liberdades, em cumprir o meu dever com responsabilidade, em fazer aplicar a Constituição e as leis, para entregar adiante com segurança o legado que recebo agora, e que eu então possa dizer, parafraseando a grande poetisa Cora Coralina, de meu amado estado de Goiás, que contribuí para que haja "mais esperança nos nossos passos do que tristeza em nossos ombros".

Muito obrigada.

19.2 DISCURSO DO PGR RODRIGO JANOT PARA A POSSE DOS APROVADOS NO 27 CPR

"Saudação Inicial

Boa noite a todos!

O curso de nossa vida é marcado, ininterruptamente, por momentos que guardam, entre si, relação de importância distinta. O dia de hoje, certamente, ficará marcado de forma definitiva na história de cada um dos Senhores e de seus familiares. Faço, neste momento, e com saudosa lembrança, regressão ao dia 1º de outubro de 1984, data de minha posse, aos 28 anos de idade, em um Ministério Público muito distinto do atual.

O mérito pessoal dos Senhores, que hoje estão sendo empossados no cargo de Procurador da República, é inegável. Ao submeterem-se a rigoroso processo seletivo do concurso público, e nele obterem êxito, os Senhores demonstram que estão aptos, juridicamente, para o relevante exercício da missão profissional abraçada pelos membros do Ministério Público Federal.

A lista de aprovados no 27º Concurso de ingresso na nossa carreira, portanto, externa aquilo que é inquestionável, a capacidade intelectual dos Senhores e o esforço, muitas vezes familiar, na realização de um sonho profissional. Parabenizo, assim, não só aqueles de beca aqui sentados, mas também aquelas pessoas fundamentais do círculo familiar, que igualmente contribuíram para que esse momento se tornasse realidade.

Permito-me, contudo, alertá-los de que este dia não é um porto de chegada, mas sim de partida. De hoje em diante, os senhores passarão a integrar o quadro dos membros do Ministério Público Federal, devendo, portanto, honrar o *bottom* que ostentarão na lapela. A partir de hoje, cada um dos Senhores começará a construir o nome dentro da nossa instituição.

Não nos é possível admitir pertencermos ao MPF sem sermos MPF. A República Federativa do Brasil passa aos Senhores, nesta data, procuração com amplíssimos poderes para representá-la na defesa da ordem jurídica, do regime democrático e dos interesses sociais e individuais indisponíveis.

A consciência da real importância das atribuições assumidas pelos Procuradores da República torna-se imprescindível. A sociedade espera que nossa atuação seja profícua em prol do bem comum.

Tenho afirmado que a assunção do cargo de Estado não pode afastar-nos do fato, simples e cristalino, de que somos tão somente servidores públicos. Conclamo-os a, desde o primeiro dia de suas carreiras, ancorar-se na convicção de que servimos ao público e em nome dele exercemos nosso mister funcional.

Talvez minha origem mineira tenha cunhado a frase que venho repetindo desde setembro do ano passado, ao assumir a Chefia do MPU –"Os membros do Ministério Público não dizem o que vão fazer, mas, sim, comunicam o que se fez".

Não é outra a minha intenção senão chamar a atenção para o fato de que a sociedade brasileira está carente da efetividade da atuação pública. Buscam-se resultados. Almeja-se que o dia de amanhã seja melhor que o de hoje. Arregacemos, pois, as mangas para, desencastelados do conforto dos gabinetes, tornar real a consolidação do Estado Democrático.

Embora pareça que tenha sido rápido, muito se passou desde aquela tarde em 1984, em que eu estava sentado na cadeira dos Senhores. Olhando para trás, consigo afirmar que a importância da nossa instituição foi lançada a patamares inimagináveis à época. O Ministério Público de hoje, ou seja, o Ministério Público dos Senhores, encontra-se com a imagem consolidada no seio social como porta-voz da cidadania. Honrem, pois, essa expectativa.

Afirmei, no início da minha fala, ser inquestionável a qualificação jurídica e a capacidade intelectual dos Senhores. Peço, contudo, que tenham, igual e principalmente, ética e inteligência emocional para conduzir a carreira que ora se inicia. Inúmeras serão as encruzilhadas que surgirão na atuação profissional dos Senhores. Consultem sempre suas consciências e o seu caráter para optar, sempre e sempre, pelo caminho que melhor traduza os anseios públicos e a missão da nossa instituição.

Envolvam-se, engajem-se, sejam proativos, atuem de forma profissional e transparente, com firmeza, porém com discrição. Fujam dos holofotes midiáticos, cuja efemeridade é óbvia e de valor duvidoso. Rogo para que os Senhores façam valer as expectativas da República ao conferir aos Senhores os poderes que ora lhes são outorgados.

Nessas rápidas palavras gostaria de saudar todos e cada um dos Senhores, desejando-lhes pleno sucesso na carreira. Aproveitem a noite de hoje, brindem, comemorem. Amanhã cedo o Ministério Público Federal os aguarda de braços abertos." (Fonte: http://bit.ly/discurso-janot-posse)

19.3 DISCURSO DE POSSE DA TURMA DO 27 CPR (Orador: João Paulo Lordelo – Candidato Aprovado na Primeira Colocação)

"BRASÍLIA, 15 DE MAIO DE 2014

ORADOR: JOÃO PAULO LORDELO, PROCURADOR DA REPÚBLICA

APROVADO NA PRIMEIRA COLOCAÇÃO

DISCURSO:

Parte 1: Saudação Inicial Excelentíssimo Senhor

Procurador Geral da República, Dr. Rodrigo Janot Monteiro de Barros, em nome de quem cumprimento todos os membros da mesa e as demais autoridades presentes. Cumprimento igualmente os familiares e amigos presentes, que se deslocaram das mais distantes cidades do Brasil para a nossa capital federal.

Parte 2: Introdução

É com muita honra e muita felicidade que apresento às senhoras e aos senhores a mais nova turma de Procuradores da República. Uma turma de jovens aguerridos, que superaram os mais variados obstáculos para a concretização de um sonho. Muitos já exerciam outras profissões: juízes, promotores, defensores, advogados, delegados e serventuários. Com rotinas totalmente diversas, guardavam entre si um elemento em comum: o sonho de, um dia, estar aqui, na presença das senhoras e dos senhores, honrados, tornados os mais novos membros do Ministério Público Federal.

Nesse caminho, guardamos intimamente, cada qual a seu modo, as palavras de Mário Quintana, ao tratar das utopias: "Se as coisas são inatingíveis... ora!/ Não é motivo para não querê-las.../Que tristes os caminhos se não fora/A mágica presença das estrelas!".

O coração palpita, é inevitável. Alguma coisa acontece no meu coração. Alguma coisa acontece em nosso coração.

Nos tempos de outrora, assistíamos passivamente às mais nefastas cenas de violação a direitos retratadas nos noticiários.

A partir de hoje, seremos protagonistas, agentes de equilíbrio e defesa da ordem jurídica, do regime democrático e dos direitos de toda a sociedade.

Parte 3: O Direito e a Música

O direito, senhoras e senhores, também pode ser música. Da sua produção à sua execução, há forçosamente uma vasta gama de atores. Lembra-nos o gigante Calmon de Passos: as instituições são o produto da habitualidade desses atores no desempenho de suas atividades.

Todos os produtores lidam, inevitavelmente, com matéria-prima e instrumentos. No direito, empresta-se ao seu operador a mesma relevância que se dá, na música, ao compositor e ao intérprete. Se aquele cria a melodia, traduzindo-a em partitura, só o músico, utilizando-se de um instrumento musical, transforma a partitura em melodia. Essa mesma melodia será sempre marca da pelas virtudes de quem lhe dá concreção e vida.

Sem a disciplina de cada músico, operando seu instrumento, jamais se ouvirá uma sinfonia ou um concerto. Muitos integrantes da orquestra certamente terão talento para improvisar ou criar novas melodias, mas correm o risco de comprometer a obra que, para existir, deve ser coletiva e solidária.

Daí se extrai o ideal de temperança e equilíbrio, que levaremos conosco, como um farol, em nossa jornada, no exercício das funções de Procuradoras e Procuradores da República.

Também no direito há uma partitura – a que chamamos de direito positivo: a Constituição e as leis. Há músicos habilitados para tocaram os mais diversos instrumentos e que optaram por um deles: cordas, metais, percussão.

Nessa sinfonia, a Constituição reservou ao Ministério Público um papel primordial e proeminente: é, a um só tempo, músico e maestro. Como músico, assume uma postura ativa: concretiza a melodia, perseguindo os valores fundamentais na defesa da República. Como maestro, é agente do equilíbrio, fiscalizando as notas musicais executadas pelos demais partícipes do concerto. Somente um maestro corajoso e equilibrado é capaz de manter coeso o campo harmônico do Estado Democrático de Direito.

A vida em sociedade pede atores sociais que se integram em instituições sociais. Mas a estrutura não é suficiente. As estruturas não transformam a realidade. "Os homens pedem carne. Fogo. Sapatos. As leis não bastam. Os lírios não nascem da lei", dizia Drummond

Parte 4: O MP como Agente da Paz Social

Sabemos, com absoluta convicção, que o objetivo do direito é a paz. E a paz é algo a ser perseguido através da luta, missão que doravante seguiremos dia após dia. Realizar o direito é um labor contínuo: um espetáculo sem descanso.

Com Ihering, aprendemos que o direito não é mero pensamento, mas sim força viva.

Não por acaso, a Justiça segura, em uma das mãos, a balança e, na outra, a espada. Com a balança, ela pesa o direito; com a espada, o defende. Espada sem balança é a força bruta; balança sem espada é a fraqueza do direito. Tais signos revelam que o Estado de direito só existe onde a força usa a mesma destreza com que se maneja a balança.

Ingressamos hoje na luta pelo direito, atuantes e firmes na defesa do interesse público, daquilo que é de todos nós, daquilo de que não se pode dispor.

O interesse dessa luta pelo direito não se limita à vida privada. Ele se estende muito além disso.

"Como esperar que o homem, que não tem o hábito de defender, corajosamente, o próprio direito vá arriscar voluntariamente sua vida e bens pela comunidade?".

Cabe a nós, membros do Ministério Público, essa tarefa: o de defender aquilo que é de todos e que, paradoxalmente, sofre duros golpes, como se não pertencesse a ninguém.

No exercício de tamanha missão, levemos a certeza de que a essência do direito está na ação, no agir. O que o ar puro representa para a chama, a liberdade de ação representa para o senso de justiça, que sufocará se a ação for impedida ou perturbada.

Mas há mais: escrevamos nosso nome na história do Ministério Público Federal, não apenas com coragem e temperança, mas, também, com paixão. Humanos, demasiadamente humanos, sejamos como Peri: corajosos, equilibrados e apaixonados por esta instituição. Apaixonadamente como Peri.

Serão muitas as mudanças experimentadas a partir de hoje. Nada mais natural, pois viver é como andar de bicicleta: é preciso estar em constante movimento para manter o equilíbrio.

Parte 5: Agradecimento à Família

Caros amigos, para encerrar, lembro que hoje é um dia memorável também por outro motivo.

É que, em 1993, a Assembleia Geral das Nações Unidas proclamou o dia 15 de Maio como Dia Internacional da Família.

E seria inescusável deixar de agradecer a nossos familiares por este momento tão relevante de nossas vidas. Mães, pais, avós, irmãos, companheiros e companheiras: muito obrigado por tudo.

Pequenas, extensas, simples, sofisticadas, racionais, passionais. São múltiplas as famílias que se fazem aqui presentes, celebrando vitórias que não são individuais, mas coletivas. Somos gregários por força da natureza e do coração. Coração de criança, que nunca se cansa de guardar vocês em nós.

É somente nas misteriosas equações do amor que qualquer lógica ou razão pode ser encontrada.

Pais e mães, vocês são a razão de estarmos aqui hoje, vocês são a razão de existirmos, vocês são todas as nossas razões.

Das telhas, vocês são os telhados; o início, o fim e o meio.

Nós te amamos.

Muito obrigado.

João Paulo Lordelo"

19.4 DISCURSO DE POSSE DA TURMA DO 29 CPR (Orador: Júlio César De Almeida – Candidato aprovado na primeira colocação)

"Boa noite a todos!

EXCELENTÍSSIMA SENHORA PROCURADORA GERAL DA REPÚBLICA, RAQUEL ELIAS FERREIRA DODGE

EXCENTÍSSIMO SENHOR PRESIDENTE DO SUPREMO TRIBUNAL FEDERAL, MINISTRO DIAS TOFFOLI

EXCENTÍSSIMO SENHOR PRESIDENTE DA CÂMARA DOS DEPUTADOS, DEPUTADO RODRIGO MAIA

Ao cumprimentar Vossas Excelências estendo meus cumprimentos às demais autoridades já nominadas pelo Protocolo.

SENHORAS E SENHORES AQUI PRESENTES, especialmente nossos familiares;

MEUS AGORA COLEGAS PROCURADORES DA REPÚBLICA.

Os Excelentíssimos membros da Banca Examinadora do 29° Concurso Público para provimento de cargos de Procurador da República tiveram a árdua função de selecionar, dentre os mais de 13.500 inscritos, os 46 aprovados, dezesseis (16)

dos quais tomaram posse nesta semana, após mais de dois anos de concurso. Aproveito para agradecer à Administração do Ministério Público Federal, representada pela Comissão do Concurso e seus servidores, na pessoa da Procuradora Regional da República, ELIANA TORELLY, que o conduziu sempre com lisura, lealdade e competência.

A aprovação em concurso de tal natureza, considerado o mais difícil do país, traz consigo uma dupla reflexão temporal: de **PASSADO**, referente às dificuldades enfrentadas, e de **FUTURO**, que diz respeito ao nosso papel enquanto Procuradores da República no século XXI.

Olhando para trás, nós, os recém aprovados, percebemos que tudo valeu a pena. Mais do que estudar para concurso, crescemos. Abdicamos. Persistimos. Insistimos. E conseguimos. No caminho, fizemos amigos, abrimos a mente e passamos, **PAULATINAMENTE**, a admirar ainda mais o Ministério Público Federal. Isso tudo só foi possível com o forte apoio, emotivo e afetivo, de nossos familiares e amigos, que compreenderam **EMPIRICAMENTE** a lição de ULISSES de superação dos desafios da vida.

Na ODISSÉIA, HOMERO nos conta a história da saga de ULISSES E SEUS MARINHEIROS para voltar para casa depois da guerra de TROIA. ULISSES, perto da ilha de CAPRI, sabia que as sereias que lá ficavam tinham o poder de **encanto** sobre os homens, os quais, não conseguindo evitar a tentação, acabavam lançando o navio contra as pedras, matando todos.

Para vencer o obstáculo, a saída foi colocar uma cera que tapou os ouvidos dos marinheiros. O próprio ULISSES não colocou nenhuma tapagem no ouvido. Ele pediu para ser amarrado no mastro da embarcação e deu ordens que só fosse desatado quando tivessem concluído a passagem.

Enquanto passavam próximos da ilha, ULISSES ouviu as Sereias e gritava **desesperadamente** para ser desamarrado, mas seus homens não o ouviam, assim como não ouviam as sereias. Dessa forma, ULISSES e os marinheiros sobreviveram.

O canto da sereia, que nos tiraria do caminho árduo, longo e exigente, variou para cada um de nós: pessoalmente, o meu dilema foi manter hígido o foco que sempre tive nesta instituição e não me deixar seduzir pela zona de conforto do poder de decidir e da boa lotação nos Tribunais de Justiça do Rio Grande do Sul e de São Paulo, nos quais, honrosamente, atuei como juiz.

Cá estamos nós, ULISSES modernos, conhecedores dos riscos e sacrifícios que faríamos, mas dependentes SEMPRE dos nossos nichos afetivos. A família e os amigos foram os verdadeiros **MARINHEIROS DE ULISSES**, decisivos na jornada. Não conheciam as sereias que enfrentaríamos no caminho até aqui. Mas, mesmo sem saber das privações, privaram-se. Mesmo sem saber dos sacrifícios, sacrificaram-se. Mesmo ante nossa ausência, fizeram-se presentes.

A cera de tapagem dos ouvidos nada mais foi do que a confiança e o amor, sem os quais nada seríamos. A todos amigos e familiares, ainda que in memoriam, nosso muito obrigado. Nós amamos vocês!

Agora é hora de olhar para a frente. O caminho nos fortaleceu. Mas o desafio que nos espera é ainda maior do que o certame que acabamos de concluir.

O planeta, no século XXI, vive tempos difíceis.

A promessa inocente da globalização de formação de uma "aldeia global" ou do "fim da própria história" após a guerra fria não se concretizou. Pelo contrário. O planeta vivencia uma hipertrofia de comunicação em bolhas, em círculos fechados, que só existem quando há aderência às ideologias do próprio grupo. Vivemos o império do viés confirmatório.

O espaço público passou a ser encarado como arena na qual se enfrentam amigos e inimigos. A existência do outro deixou de ser pressuposto, condição do próprio jogo argumentativo, para ser um problema a ser eliminado ou algo a ser ridicularizado.

As grandes utopias dos séculos XIX e XX foram testadas e fracassaram. As narrativas universalizantes não mais satisfazem uma sociedade heterogênea e pós moderna.

Fluxos **MIGRATÓRIOS** se intensificaram. No mundo em que vigora a defesa da livre circulação de bens, pessoas morrem buscando, apenas, segurança e proteção.

A existência de outras dinâmicas culturais e minorias ainda não tem a proteção adequada.

O meio ambiente tem ainda sido visto como **entrave** para o desenvolvimento.

Há um percentual significativo de pessoas abaixo da linha da pobreza. As desigualdades estão aumentando, e o dumping social, a nível global, é encarado como estratégia para ampliar a competitividade econômica.

O patrimonialismo na Administração Pública ainda rende notícias diárias de práticas não republicanas.

Apesar de todo esse quadro, existem fortes razões para se ter esperança num mundo mais JUSTO E PRÓSPERO. Há novas ideias, ações e práticas surgindo.

E, NO CASO BRASILEIRO, O MINISTÉRIO PÚBLICO FEDERAL SE COLOCA COMO INSTITUIÇÃO **FUNDAMENTAL** PARA O ADEQUADO ENFRENTAMENTO DESSAS QUESTÕES CONTEMPORÂNEAS.

O MPF mantém uma **EXCELENTE** capacidade operacional e de qualidade de pessoal, membros e servidores. Fornece condições para um trabalho de excelência, pelo qual a instituição é reconhecida em todas as áreas de atuação, tais como: *Direitos Sociais e Fiscalização de Atos Administrativos em geral;*

Criminal; Consumidor e Ordem Econômica; Meio Ambiente e Patrimônio Cultural; Combate à Corrupção; Populações Indígenas e Comunidades Tradicionais; Controle Externo da Atividade Policial e Sistema Prisional.

Tais características possibilitam que o MPF consiga manter um alto nível de diálogo e intercâmbio com o que há de melhor na academia e experiência prática, tanto nacional quanto internacional. Isso permite situá-lo como uma INSTITUIÇÃO **ESTRATÉGICA** para a oxigenação do próprio sistema no século XXI.

O papel CONTRAMAJORITÁRIO do MPF tem especial relevo na consolidação de um núcleo axiológico intocável, de um patamar civilizatório abaixo do qual, enquanto seres humanos, não admitimos estar. A universalização dos direitos humanos é uma aposta humanística na qual vale a pena insistir e em relação à qual SEMPRE TEMOS QUE TOMAR POSIÇÃO. DANTI ALIGHIERI na DIVINA COMÉDIA disse que "no inferno os lugares mais quentes são reservados àqueles que escolheram, em tempo de crise, a neutralidade".

De igual modo, a vedação da proteção INSUFICIENTE é uma cláusula geral que tem fornecido um novo contorno a diversos ramos e viabilizado uma tutela mais efetiva dos direitos. O constitucionalismo contemporâneo não se contenta mais com a contenção do arbítrio e a afirmação **normativa** de direitos fundamentais. Mais do que o direito à água, quer-se água. Mais do que direito à vida, quer-se vida. Uma nova onda de acesso a bens deve ser buscada em mecanismos judiciais e sobretudo EXTRAJUDICIAIS.

Na próxima semana, cada um de nós, empossados, assumirá a sua lotação, em país de dimensão continental. A atuação nacional do Ministério Público Federal permite que cada membro e servidor possa viver mil vidas em uma. Mais do que uma possibilidade, é uma obrigação: o procurador da república **deve** conhecer **A REPÚBLICA**, suas contradições e vivências.

Suas histórias e populações. Se, por um lado, toda visão tem um ponto cego, como diria LUHMANN, a vivência e a sincera empatia de se colocar no lugar do outro, em contrapartida, ampliam a mundivisão e enriquecem a alma. E o Procurador da REPÚBLICA deve permitir se ressignificar.....

Aliás, a honra de ter a "REPÚBLICA" no nome do cargo não é em vão. É uma lembrança diuturna de nosso compromisso. Cícero traduziu o termo "politeia" para "res publica", tanto que assim ficou conhecida a famosa obra de Platão, "A República". Nesta obra, Sócrates consegue INFIRMAR a tese de Trasímaco de que o justo é a conveniência do mais forte e CONSEGUE COMPROVAR que a REPÚBLICA é um espaço de virtudes, e não de paixões... A virtude é uma potência, uma possibilidade. Não uma necessidade, uma propriedade. Um homem pode ou não ser virtuoso.

O Procurador da República, **empiricamente**, pode ou não ser republicano. MAS DEVE SER. E será republicano QUANDO defende e promove a Constituição Federal, os valores da república e os direitos civis, políticos, sociais, culturais e econômicos. QUANDO não coloca pessoas acima da lei. QUANDO defende a ordem jurídica, o regime democrático e os interesses sociais e individuais indisponíveis. QUANDO age com excelência na promoção da justiça, da cidadania, no combate ao crime e à corrupção. QUANDO, no lugar de criar súditos, promove a emancipação individual e social dos cidadãos. QUANDO, ao invés de se servir DO povo, serve AO povo, do qual emana todo o poder.

Por fim, encerro lembrando do MITO DE SÍSIFO. Na mitologia grega, Sísifo, conhecido por sua esperteza, enganou a morte duas vezes. Por essa razão, Zeus o condenou a empurrar uma pedra eternamente ao topo da montanha, de maneira tal que, com o cansaço e peso, a pedra necessariamente voltava ao local original. O trabalho de Sísifo se refere ao trabalho sem fim, que não atinge o seu escopo nunca. O mito de Sísifo parece ilustrar o caminho da humanidade, com grandes avanços e retrocessos, a eternamente regressar ao ponto de partida, tal como o pêndulo de Schopenhauer enxerga o homem numa dialética infindável entre angústia e tédio.

Senhoras e senhores, os empossados no 29º concurso – doravante, Procuradores da República – têm diferentes histórias, diferentes variáveis geográficas, variáveis profissionais e variáveis culturais. No meio desse mar de variáveis, há uma constate: o compromisso de não deixar essa pedra de Sísifo descer, o compromisso de respeitar e guardar a Constituição Federal, o compromisso de não permitir que o nosso patamar civilizatório regrida e o compromisso de, eternamente, sermos republicanos. Muito obrigado a todos! Boa noite!”

20

DEPOIMENTOS DE PROCURADORES DA REPÚBLICA, EXCLUSIVOS PARA O LIVRO

Apresento cinco depoimentos de colegas que representam muito bem a carreira. Todos contando sobre seus estudos e busca de vaga para o MPF. E trazendo palavras de motivação para os candidatos que agora buscam uma vaga na carreira. Cada um com sua experiência.

20.1 MARIO LUIZ BONSAGLIA

Subprocurador-Geral da República

"Como me tornei Procurador da República

Ingressei na faculdade de direito da USP em 1977, quando eclodiram os movimentos estudantis contra a ditadura militar. O Largo de São Francisco era o local em que os estudantes se concentravam para as manifestações, reprimidas pela tropa de choque da Polícia Militar, com uso de cassetetes e gás lacrimogênio. Recém-chegado do interior, fiquei admirado por estar podendo acompanhar de perto um momento tão importante na vida do país. No pátio da faculdade, assisti a leitura, pelo Professor Goffredo da Silva Telles Júnior, da histórica "Carta aos brasileiros". Todavia, durante o curso, em certa altura, meu entusiasmo com a faculdade e com o direito arrefeceram.

Eram tempos de forte autoritarismo, em que vigorava o AI-5. O Brasil não vivia, então, sob a égide de um Estado de Direito (o que hoje, mais que nunca, nos soa como algo totalmente inconcebível) e boa parte da comunidade jurídica parecia, quando não temerosa, conformada ou resignada com essa situação. Um professor chegou a dizer que na faculdade aprendia-se sobre as leis e que justiça era algo que ali não se considerava. Tudo isso me fez desanimar e cogitei seriamente em parar a faculdade. Não o fiz, mas a partir do meio do curso meu interesse declinou. A muito custo me formei, mas com a intenção de não exercer qualquer profissão na área jurídica. "Desarquivei" uma ideia antiga, a de estudar medicina.

Assim é que, no quinto ano da faculdade, passei a fazer cursinho para me preparar para o vestibular. Isso no período da manhã; à tarde trabalhava (no Banco do Brasil). Eu cursava a faculdade no período noturno. Ingressei na Faculdade de Medicina da USP ao mesmo tempo em que colava grau na Faculdade de Direito. Não me interessei pela festa de formatura, mas, logo em seguida fiz, meio que só por fazer, o exame da OAB, garantindo assim minha inscrição na Ordem. Doei meus livros jurídicos para a Biblioteca Municipal e fui me dedicar, com entusiasmo, ao estudo da medicina. Após muita hesitação e reflexões, depois de trancar matrícula por dois anos, acabei não dando continuidade a este curso. Eu precisava trabalhar e era praticamente impossível conciliar os horários da faculdade e do trabalho com o do repouso (estava trabalhando no turno da madrugada, no centro de processamento de dados do banco).

Depois de alguns anos afastado do direito, por pragmatismo resolvi então voltar aos estudos jurídicos, com a intenção de fazer algum concurso. Foi assim que ingressei na Procuradoria do Estado de São Paulo, onde atuei na área da assistência judiciária (naquela época não existia ainda Defensoria Pública em São Paulo). Permaneci lá por cinco anos e meio, sempre trabalhando na área criminal, a maior parte desse tempo junto ao Tribunal do Júri. Gostava do que fazia, mas ainda me sentia um pouco inquieto quanto à minha vocação profissional. Prestei novo vestibular, desta vez para estudar cinema. Ingressei na Escola de Comunicação e Artes, mas meu entusiasmo pelo novo curso não durou muito. Em face da experiência que já tinha, achei as aulas e o método de ensino desestimulantes e desisti. Em certo momento, "descobri" o Ministério Público Federal, que estava longe de ter a evidência que tem hoje. Cheguei a fazer um concurso, mas, sem me preparar adequadamente, não tive sucesso nessa primeira tentativa. Dois anos depois, abriu novo concurso, o primeiro deflagrado após a entrada em vigor da CF de 1988 e com o programa totalmente adaptado à nova ordem jurídica. Organizei-me para poder me dedicar intensivamente aos estudos. Àquela altura, já casado e com um filho pequeno, contei com a compreensão e o apoio da família. Estudei sozinho e de modo bastante metódico, baseando-me em pelo menos duas obras por disciplina. Dentre as diversas matérias, sentia-me à vontade com o direito penal e processo penal; gostava de direito constitucional e tinha preocupações quanto ao meu grau de domínio do direito civil e do processo civil.

Na mesma época, foram também abertos concursos para juiz federal e para juiz de direito. Inscrevi-me, decidindo, porém, manter minha preparação focada no programa do MPF, já que minha preferência era por ser Procurador da República, além de ser praticamente impossível abranger de maneira satisfatória programas substancialmente diferentes entre si. Fui alcançando sucesso nas diversas etapas desses três concursos, estudando as matérias específicas dos concursos de magistrado mais perto de cada prova. O concurso de juiz de direito foi o que terminou primeiro. Tendo sido aprovado, a posse era no mesmo dia da primeira prova da segunda fase do concurso de Procurador da República. Não havia incompatibilidade entre o horário da posse e o da prova, mas, determinado que estava em atuar na esfera federal (tinha maior atração pelas matérias sujeitas à competência da Justiça Federal) e, em especial, em ser Procurador da República, resolvi não tomar posse na magistratura estadual. Claro, levei em conta também que já tinha um emprego bom, o de Procurador do Estado, trabalhando na capital. Não queria correr o risco de, ao trabalhar numa função nova e absorvente, no interior do Estado, ficar sem tempo para continuar estudando para a última fase do concurso do MPF, mais adiante. Na segunda fase do concurso de Procurador da República, fiquei muito preocupado com a prova de direito civil e processo civil. Em dado instante da prova, senti que estava "não passando". Mobilizei então toda minha energia psíquica e consegui encontrar respostas às questões e elaborar a peça solicitada. No exame oral a gente sempre começa nervoso, mas depois vai se acalmando. Deu tudo certo. O resultado do concurso saiu às vésperas do Natal.

Tomar posse e ouvir aquelas palestras iniciais feitas por colegas experientes foi muito motivador. Àquela altura, estava sendo convocado para o exame oral da magistratura federal. Mas já não tinha mais interesse em seguir fazendo esse concurso e formalizei minha desistência. A magistratura – tanto a federal quanto a estadual – é uma belíssima carreira, a exemplo das carreiras de Procurador da República, de Promotor de Justiça, de Defensor Público e Advogado Público e outras mais existentes na área jurídica. O que devemos levar em conta ao decidirmos, especialmente hoje, quando as remunerações são próximas ou equivalentes, é, principalmente, nossa vocação. Eu não tinha dúvidas de que estava vocacionado a ser Procurador da República. Gostava do papel proativo reservado ao membro do Ministério Público, tendo como pano de fundo o redimensionamento do perfil da instituição ministerial implementado pela nova Constituição. Meu anseio de lutar pela justiça tinha agora um caráter mais concreto. Optei então inicialmente por atuar na área criminal. Interessava-me particularmente a persecução aos crimes de colarinho branco. Queria que a justiça fosse tão eficiente e enérgica contra sonegadores de impostos e autores de crimes contra o sistema financeiro como o era (e ainda é) na punição aos autores de crimes contra o patrimônio previstos no Código Penal.

As coisas não foram fáceis naqueles momentos iniciais, em que logo me vi atuando em casos complexos e sob a pressão de circunstâncias daí decorrentes, mas tive o apoio institucional necessário para superar as dificuldades que se apresentaram. Foram tempos pioneiros aqueles, em que estava posto aos membros do Ministério Público Federal o desafio de, além do tradicional papel na persecução penal, exercitar as novas funções ministeriais no campo da tutela coletiva, da defesa do Estado Democrático de Direito, da defesa dos interesses das populações indígenas e dos direitos dos cidadãos em geral. Alguns anos depois, voltei à Universidade, mas desta vez para fazer pós-graduação em direito, em nível de doutorado, concluída com a defesa da tese "Federalismo e Direitos Humanos".

Decorridos 25 anos de meu ingresso no Ministério Público Federal, tendo chegado ao último degrau da carreira, agora atuando junto ao Superior Tribunal de Justiça e integrando órgãos da cúpula da instituição (Conselho Superior do MPF e uma de suas Câmaras de Coordenação e Revisão), mantenho o mesmo entusiasmo dos tempos iniciais. A luta permanente pela justiça e pelos direitos humanos traz a cada momento novos desafios".

20.2 MONIQUE CHEKER

Procuradora da República no Rio de Janeiro/RJ. Ex-Procuradora do Ministério Público de Contas no Estado do Rio de Janeiro (2006-2008).

"Ser membro do Ministério Público é ser agente de transformação social. É normal, o candidato, que está, há anos, tentando passar na "carreira dos sonhos" fazer diversos concursos, dentre eles para conseguir chegar aos cargos de juiz de direito, juiz federal, promotor de justiça ou Procurador da República. Assim foi comigo e, inclusive, no início estava mais vocacionada a ser juíza, porque achava, de fato, que teria maiores chances de ajudar a sociedade. Cursei e conclui a escola da magistratura do Rio de Janeiro, com estudos intensos e regulares de aproximadamente doze horas por dia. Aliás, meus estudos intensos já vieram desde a faculdade, fazendo sempre resumos, para facilitar a memorização. Num projeto de três anos para se passar em um concurso da envergadura da magistratura, seja para se transformar em juiz ou membro do MP, o candidato deve adotar algum método para memorizar o já estudado, senão o esquecimento vem e será tempo perdido. Fazer resumos no computador, pois sempre há mais e mais informações a serem guardadas, é essencial, na minha visão. Esse é um dos motivos (não o único, claro) que leva a algumas pessoas esquecerem o já estudado, desperdiçando valoroso tempo, que se transforma em desânimo e desistência. É um longo caminho, de muitas abstinências.

Hoje, vejo o Ministério Público, em especial o Federal, aquele órgão que sempre sonhei, e que consegue extrajudicialmente obter resultados fantásticos e ajudar os direitos individuais indisponíveis e os coletivos, em sentido amplo. E aqui está a grande força do Ministério Público: esgotar os métodos de convencimento extrajudiciais até levar a questão ao Judiciário pois, mesmo que o juiz decida a favor da tese, há ainda as instâncias revisoras que, não raro, sofrem influxos políticos, a depender dos interesses que são contrariados.

Quem lutar para ingressar na carreira do Ministério Público Federal saiba que essa é a melhor carreira para ajudar o nosso país, seja no combate à corrupção, na proteção do meio ambiente ou em outros. Mas saiba também que terá trabalho e pressão pela frente. Do outro lado da "banca", estará grupo de advogados que se revezarão na pressão em sentido contrário. É preciso a consciência do futuro Procurador da República de que o Ministério Público, na esmagadora maioria dos casos, é a última opção da sociedade. Em outras palavras: a última trincheira. Se um determinado licenciamento, por exemplo, passar pelo aval do Ministério Público, muito provavelmente, ninguém mais questionará e uma determinada comunidade tradicional ou espécie ameaçada de extinção, impactadas por aquele empreendimento, poderá simplesmente desaparecer. O princípio da prevenção deve estar sempre presente na mente do Procurador da República. Isso aumenta a nossa responsabilidade na análise de tudo que chega ao nosso conhecimento. Por claro, o membro do Ministério Público não deve "abraçar o mundo", deve ser seletivo, sim, mas saber que está lá para defender a sociedade e a ordem jurídica e isso exige coragem e persistência nos vícios diagnosticados. Acionar os métodos extrajudiciais de fiscalização e pressão e ir ao Judiciário, de forma estratégica, seja no início ou no final, tudo isso faz parte da preparação para ser um Procurador da República. O Ministério Público precisa fazer esse papel de "questionador", de ser a voz da sociedade, quando ninguém mais fala".

20.3 UBIRATAN CAZETTA

Procurador da República
Foi coordenador da Assessoria Jurídica

de Tutela Coletiva do Gabinete do PGR (2013-2017)
Ex-Procurador do Estado do Pará

"A escolha de uma carreira é uma decisão que se toma incentivado por vários fatores, de ordens e de importância diversas, mas nem sempre tão visíveis ou tão racionais.

As carreiras públicas ditas jurídicas (advocacia pública, defensoria pública, magistratura judicial ou magistratura do Ministério Público) têm um traço comum, que costuma atrair a atenção de candidatos: além da posição social que garantem aos aprovados, costumam proporcionar uma remuneração inicial bastante atrativa.

Lamento desanimar aqueles que tomam tais motivos como fundamentais para a escolha, pois é certo o desamparo que o tempo trará. Remuneração e posição social de destaque não são reais ou, ao menos suficientes, se não vierem acompanhadas de uma verdadeira vontade de servir e um interesse legítimo nos temas que fazem o dia a dia da atividade em tais carreiras.

Com vinte anos de vivência de Ministério Público Federal, essencialmente investidos em temas ligados ao meio ambiente e seus inúmeros contornos (criminais, sociais, debate sobre os mecanismos de implantação de grandes empreendimentos), questões indígenas e outras populações tradicionais, combate ao trabalho escravo e ao tráfico de pessoas, lavagem de dinheiro e desmandos administrativos, nas suas feições criminais e cíveis, um olhar retrospectivo apenas reafirma que, sem um prazer decorrente da vinculação com tais temas, a caminhada teria sido muito diferente.

Não espere, quem se propõe a abraçar uma de tais carreiras, admiração constante, dias tranquilos, facilidade no enfrentamento cotidiano, pois o caminho é de desafios que se renovam, especialmente no que se refere a manter-se motivado e atento ao papel que se deve desempenhar e as expectativas de uma sociedade tão diversa como é a brasileira.

Seriam estes motivos para desistir da empreitada que é a preparação para um concurso público?

Certamente não!

O alerta é apenas para trazer para a realidade o nível de expectativas que marca o momento da preparação.

Sem foco, sem manter-se atento a uma preparação que exige cobrir um conjunto bastante amplo de conhecimentos, fugindo do risco de dedicar-se mais aos temas de maior afeição, o candidato terá imensa dificuldade de vencer o concurso.

De outro lado, não se trata de um processo seletivo de gênios ou de pessoas excepcionais. O que se busca é um conjunto de habilidades, bem distribuídos nas quatro divisões temáticas da prova, mantendo a média de conhecimento.

Estudar com o olhar de MPF significa necessariamente manter-se atento aos debates que se travam nos tribunais superiores (STF, STJ e TSE), ter a mente aberta para temas que se desvelam, que por vezes fogem ao padrão do debate, que envolvem surpresas ocasionais (quem falava em tutela inibitória no início dos anos 2000? Quem sabia o que era o efeito cliquet?), mas especialmente, o ponto central é não desanimar.

Conhecimento se adquire, muitas vezes, por um processo repetitivo e de acumulação, desde que o candidato consiga fugir ao risco do estudo automatizado. O desafio é buscar a leitura diária, somada a uma reflexão sobre os temas, muitas vezes questionando a motivação nem sempre tão explícita de determinada jurisprudência ou de tema da atualidade.

Conhecer as provas anteriores, analisá-las, repetidas vezes resolvê-las, dentro de um estudo sistemático, pode ser um caminho promissor, pois ajuda a compreender o tipo de desafio a que se estará exposto.

Sem dúvida, uma trilha desafiadora, cansativa por vezes, mas que traz, ao seu fim, a chance de iniciar uma carreira em que o debate franco, a exposição de ideias e o papel de interlocutor privilegiado da sociedade estarão presentes em cada minuto.

Como toda jornada desafiadora, o seu percurso também deve ser apreciado com cuidado, sabendo que ele fará parte do trajeto completo".

20.4 MELIZA ALVES BARBOSA PESSOA

Procuradora da República
Ex-Defensora Pública no Estado do Pará

"Chamo-me Meliza Alves Barbosa Pessoa, tenho 34 anos de idade e estou lotada num ofício criminal da Procuradoria da República no Estado do Pará.

Falar sobre a minha paixão pelo Ministério Público Federal necessita, antes de qualquer coisa, de uma volta aos tempos de colégio.

De maneira bastante contraditória, possuía duas opções nos tempos do Ensino Médio (que, denunciando a minha idade, chamava-se de 2º Grau naquela época): Direito e Medicina. Todavia, não sendo possível conciliar o estudo universitário das duas carreiras e contando com os sábios encaminhamentos de Deus, optei por cursar Direito – curso para o qual fui aprovada no ano de 1999, na Universidade Federal do Pará.

Por volta do ano de 2000, quando cursava o quinto semestre, decidi o meu futuro profissional: seria advogada. Assim, aos dezenove anos de idade, percorri escritórios de advocacia, tendo sido recusada em todos por ainda não ter alcançado o terceiro ano de faculdade. E, em decorrência de várias rejeições (hoje festejadas por mim), encaminhei o meu currículo para o Ministério Público do Estado do Pará.

No MP estadual passei quase quatro anos como estagiária, tendo percorrido algumas Promotorias criminais e de tutela. Ali, meio que sem perceber (como sói acontecer com os grandes amores dessa vida), fui desenvolvendo enorme admiração pelas atribuições ministeriais. E, no ano de 2004 (quando me graduei), decidi prestar concurso público.

Começando a trilhar o meu caminho de concurseira, eu me matriculei num cursinho preparatório para carreiras jurídicas e, tomada pelo desalento tão peculiar aos recém-formados desempregados, comecei a fazer inscrições para prestar concursos públicos.

Em abril de 2005, tomei posse no cargo de analista previdenciário, tendo permanecido no INSS por quase dois anos. E, nesse ínterim, prestei inúmeros concursos, quer para cargos com exigência de nível técnico, quer para aqueles voltados para bacharéis em Direito – o que não aconselho, por desvirtuar o foco dos estudos.

Desde aquela época (2005), tinha uma rotina de estudo no estilo "todo tempo é uma oportunidade para estudar". Assim, após a minha jornada diária no INSS de seis horas, ia à academia e começava a ler até ser vencida pelo sono. E, nos finais de semana, também estudava; afinal, para quem trabalha, sábado e domingo são dias de ouro – no meu caso, costumava reservar para o lazer as noites de sábado e as tardes e noites de domingo.

No ano de 2006, já tomada pela sensação de que 01 (um) ano sem ter sido aprovada num outro concurso público equivalia a uma eternidade, comecei a ficar ainda mais ansiosa. Nesse aspecto, saliento que a minha noção de tempo foi se modificando substancialmente, pois estudar é um exercício de fé, perseverança, disciplina e PACIÊNCIA.

Naquele ano, prestei inúmeros concursos para os cargos de consultor jurídico e procurador autárquico de diversos Órgãos e autarquias do Pará, tendo sido aprovada em alguns. E, finalmente, começaram as provas para o concurso de Promotor de Justiça do Ministério Público do Pará. Fui aprovada na primeira etapa, mas desisti de fazer as provas da segunda fase que sucederam a disciplina Processo Penal, pois, após dois anos de estudo intenso, não consegui me recordar dos pressupostos de admissibilidade recursal; e, tendo zerado uma questão de peso 2,0, dificilmente conseguiria ser aprovada naquela disciplina. Entretanto, obtive nota 7,0 numa prova cuja nota máxima que eu poderia alcançar era 8,0.

Daquele deslize no concurso do MP/PA guardei uma lição: não temos a capacidade de antever o resultado das provas; assim, se tivermos nos preparado, devemos fazer cada fase dos concursos com força e confiança totais. Ainda mais no meu caso, perita em odiar todas as provas que já fiz na vida, mesmo nos certames nos quais fui aprovada. Entretanto, pelo cargo que ocupo hoje, sei que, guiada por Deus, tomei a decisão certa.

Indo para o ano de 2007, fiz a primeira fase do 24º concurso para Procurador da República e, como era de se esperar (por conta da falta de estudo específico para o certame), fui reprovada. No mesmo ano tomei posse como Defensora Pública no Pará e, depois, assumi o cargo de Procurador Autárquico do DETRAN/PA, local em que permaneci até a minha aprovação no MPF.

Após prestar concursos para as mais variadas carreiras, em grande parte devido ao equivocado sentimento de que permanecer num mesmo cargo por muito tempo é sinal de derrota, amadureci ao ponto de focar num único concurso. Assim, no ano de 2010, diante da falta de perspectiva de um novo edital para o MP/PA, decidi me dedicar apenas ao concurso do MPF, em razão da perspectiva de permanência no interior por um período mais curto – ou seja, concretizaria o meu sonho profissional sem ter que abdicar da convivência da minha família por muito tempo.

Na nova caminhada, não posso me esquecer do sentimento de desolação quando comecei a analisar com cuidado o último edital do concurso para Procurador da República. Nossa, além de gigantesco, trazia alguns temas cobrados em programas de Mestrado e Doutorado. Inevitavelmente, sobretudo diante da reprovação anterior ainda na primeira fase, comecei a me questionar se era qualificada para um certame de tão alto gabarito. Mas, após o desânimo inicial, coloquei a mão na massa.

Assim, montei um plano de estudos envolvendo todas as disciplinas do edital, o qual envolvia ciclos de catorze dias e mesclava novos assuntos (para avançar sempre) e constantes revisões (para aguçar a memória). Afinal, num concurso em que há nota mínima por grupo de disciplinas, não é possível relegar qualquer matéria.

Finalmente, em junho de 2011 fiz a prova objetiva, mas não fui aprovada. Assim, por volta do mês de julho, após sete anos de estudo árduo desde a formatura, decidi não mais prestar concursos e permanecer no DETRAN. A partir daí aconteceu o inesperado, melhor dizendo, o milagre – e eu acredito em milagres de Deus.

As provas subjetivas do concurso ocorreriam no período de 22 a 25/09/2011 e já havia sido publicado o edital convocando os candidatos aprovados na primeira fase. E, então, na tarde do dia 03 de setembro – exatamente dezenove dias antes da segunda fase – a minha mãe recebeu um telefonema da Procuradoria-Geral da República pedindo para que eu entrasse em contato com eles urgentemente. Acreditei que fosse algo relacionado ao fato de eu ter sido uma das três últimas candidatas a deixar o local da prova, mas a minha mãe me disse que sentiu algo estranho.

No final daquela tarde de setembro, telefonei para a PGR após chegar do trabalho e, atônita, ouvi que, excepcionalmente, uma questão objetiva havia sido anulada pela Comissão do

Concurso por erro material. E, com a pontuação daquele item, eu e outros poucos candidatos estávamos aprovados para a segunda fase. Após chorar desmedidamente e agradecer muito a Deus, pensei: tenho dezenove dias para me preparar para a segunda fase do concurso e preciso ser pragmática e focada.

Confesso que naqueles dias dormia uma média de 04 horas diárias e não fazia outra coisa que não estudar, sempre contando com o auxílio e o amor da minha família e do meu noivo à época (atual marido). Além disso, as provas subjetivas referentes ao grupo I aconteceram no dia seguinte à celebração do casamento de uma das minhas irmãs, o que me impediu de aproveitar aquele momento tão especial. Mas tudo valeu a pena.

Fui aprovada nas fases subsequentes e entrei em exercício, em julho de 2012, na Procuradoria da República do Município de Altamira/PA, onde permaneci por dez meses. Depois, passei mais dois meses na Procuradoria da República do Amapá e, finalmente, consegui ser removida para a Procuradoria da República no Estado do Pará, onde estou lotada atualmente.

Sem sombra de dúvidas, mesmo após seis anos de serviço público, o início da atuação como Procuradora da República foi assustador: vários desafios em face da complexa realidade do Pará. Em algumas oportunidades eu me senti frustrada por não ter conseguido solucionar problemas que se arrastavam por vários anos, mas inúmeras vezes até me emocionei – o que acontece até hoje – diante do agradecimento de algum cidadão.

Os desafios são enormes e não raramente eu me questiono sobre a escolha profissional que fiz ao deparar com um volume de trabalho considerável e com alguns finais de semana dedicados aos processos. Entretanto, após respirar fundo, eu me recordo do quanto fui abençoada e de tudo o que aconteceu para que eu estivesse exatamente neste lugar.

Eis-me aqui: pessoa de inteligência mediana, com inseguranças tão características do ser humano e que um dia olhou para a carreira de Procurador da República como algo inatingível. Todavia, com fé, dedicação e disciplina vi que era possível alcançar o meu objetivo.

Reproduzo aqui uma frase cheia de significado que ouvi da minha irmã gêmea Melina: "sonhos podem se tornar realidade". E se tornam..."

20.5 DANIEL CÉSAR AZEREDO AVELINO

Procurador da República atuando em Brasília/DF
Ex-Analista do MPF
Ex-Advogado da União

A preparação para concurso público não se diferencia, na essência, de outros processos de busca de realizações humanas. Vários são os exemplos que costumamos ver com frequência na mídia nos quais podemos tirar lições para o nosso tema. Competições esportivas, pesquisas científicas, construções civis e aprovação em um concurso público possuem alicerces básicos relacionados a preparação, projeto, dedicação, planejamento, estratégia e autoconhecimento.

O autoconhecimento parece ser a chave principal. Isso porque a quantidade de métodos e fórmulas hoje existentes e divulgadas acabam por gerar uma dúvida básica e primária: qual o melhor jeito de estudar? Mais especificamente: Estudo uma matéria por dia ou um assunto por dia? Leio um livro até o final ou uma parte aos poucos? Grifo o livro, faço resumo ou as duas coisas? Estudo 3, 5 ou 12 horas por dia? É melhor trabalhar e estudar ou somente estudar?

E, na busca por respostas, começamos a ouvir aqueles que, de alguma forma, obtiveram sucesso na esperança de descobrir o melhor modelo, a melhor estratégia para alcançar nossos objetivos.

É salutar sim conversar e ouvir as experiências de quem alcançou o objetivo, mas a melhor estratégia não estará nessa terceira pessoa, mas sim em você.

“Nunca fazia resumos porque isso gasta muito tempo” você pode ouvir de uma ou de mil pessoas aprovadas em um concurso difícil e concorrido. Não fazer resumos é uma estratégia válida e tem a vantagem de economizar tempo para mais leituras, mas a pergunta crucial é: E você? Como funciona o seu processo de aprendizagem? Como funciona a sua memória? Ela tem um cunho mais forte no plano visual ou auditivo?

Em outras palavras, você tem um objetivo: adquirir conhecimento para uma prova. Se você gosta ou tem mais facilidade de aprender fazendo resumos essa deve ser a metodologia por você empregada.

Faça testes com você e seu cérebro. Estude uma semana de uma forma e varie o método na semana seguinte. Simule exercícios e veja onde você se saiu melhor. Construa indicadores de acerto.

O tempo de estudo diário é outra dúvida permanente. Quem trabalha pode achar que tem pouco tempo. Quem só estuda pode achar estressante um longo período na rotina de estudos. Aqui também entra o autoconhecimento e eu diria que mais importante do que o tempo de estudo é a regularidade e a frequência. Tenha 3 horas de estudos 6 vezes por semana por um ano e você verá o alto índice de conhecimento adquirido.

A regra não é fixa: assim como um atleta muda a preparação quando uma competição se aproxima você também terá níveis e intensidades diversas de estudo de acordo com o seu momento e isso deverá estar no seu planejamento.

A repetição é importante. O erro e o fracasso também. Grandes atletas fracassam. O importante é saber tirar as lições, descobrir o motivo da derrota e fazer um novo planejamento mantendo sempre a tranquilidade. Persistência faz a diferença.

E o conforto psicológico também: não exagere além daquilo que seu corpo e sua mente comportam, não abandone os pequenos e curtos prazeres que todo aquele envolvido em uma preparação pode ter e não seja severo consigo mesmo.

Cultive o planejamento, a estratégia, o autoconhecimento, o exercício, a repetição, a perseverança, a tranquilidade, a boa alimentação e a calma e construa sua fórmula e, principalmente, nos conte qual foi a chave do seu sucesso.

EDITORA
*Jus*PODIVM
www.editorajuspodivm.com.br